AUGSBURG COLLEGE
George Sverdrup Library
MINNEAPOLIS 4, MINNESOTA

WITHDRAWN

S0-FIR-077

HOOVER INSTITUTION FOREIGN LANGUAGE PUBLICATIONS

БОРИС ДВИНОВ

От легальности к подполью

(1921—1922)

ПРИЛОЖЕНИЕ:

Г. КУЧИН-ОРАНСКИЙ

ЗАПИСКИ

BORIS DVINOV

From Legality to the Underground

(1921 — 1922)

SUPPLEMENT:

G. KUCHIN-ORANSKII

**Notes on Menshevik Underground Activities
in Russia in 1923—24**

THE HOOVER INSTITUTION
ON WAR, REVOLUTION AND PEACE
STANFORD UNIVERSITY
STANFORD, CALIFORNIA
1968

The Hoover Institution on War, Revolution and Peace, founded at Stanford University in 1919 by the late President Herbert Hoover, is a center for advanced study and research on public and international affairs in the twentieth century. The views expressed in its publications are entirely those of the authors and do not necessarily reflect the views of the Hoover Institution.

© 1968 by the Board of Trustees of the Leland Stanford Junior University

All rights reserved

Library of Congress Catalog Card Number: 67-19592

Printed in West Germany

DK
254
D8
A3

PREFACE

Boris Dvinov's *Ot legal'nosti k podpol'iu* is an edited version of a manuscript written by Mr. Dvinov in 1924, shortly after his departure from Soviet Russia, and first published in 1955 in a limited number of copies. The revisions contained in the present edition are largely stylistic in character. But the present edition also includes, in addition to a valuable introduction by Boris Sapir, the first printed text of a memorandum written in 1924 by G. Kuchin (then head of the Bureau of the Central Committee of the Menshevik Party in Russia) concerning the Party's desperate efforts to continue operating at that time despite persecution by the Soviet regime.

It is altogether fitting that *Ot legal'nosti k podpol'iu* be issued, in this revised edition, as one of the first volumes of the Russian-language series of the Project on the History of the Menshevik Movement. This volume makes a unique contribution to our knowledge and understanding of an exceptionally significant and tragically ironic chapter of early Soviet history largely unknown to most Soviet and Western readers: the gradual, painful descent of the Menshevik Party, between 1921 and 1923-24, from the open political arena to the underground. I have termed this chapter tragically ironic for two reasons.

First, the leaders of the Menshevik Party, especially the Zagranichnaia Delegatsiia which the Party had established in Berlin at the end of 1920, acquiesced to this return to the underground only with the deepest reluctance—well after it had become abundantly clear that continued repressive measures would make it quite impossible for the Party to continue to function in the open. Their reluctance stemmed in part from a natural emotional revulsion against the necessity of a return to the darkness of underground life. But, more importantly, it reflected the fact that, for the majority of the Menshevik Party, the abandonment of their struggle in the open meant abandonment of the posture the Party had sought to maintain ever since the Bolshevik seizure of power—a posture of legal opposition to Bolshevism, uncompromising in its defense of civil liberties but equally firm in its own view of the legitimacy of Soviet power and of the creative revolutionary potential of the Russian working class.

5

▶89916

For the Soviet regime, too, this was not a painless transition. As Mr. Dvinov shows, Lenin and his colleagues long wavered in their treatment of the Menshevik Party. They did so not merely because of the ambivalence of feelings toward some of the Menshevik leaders that many of them still drew from the memory of their common political heritage, nor even solely for the more practical consideration that total suppression of the Menshevik Party was likely further to antagonize those socialist groups in the West that the Soviet regime was still attempting to woo. Even more important, perhaps, was a realization drawn from the early experience of the Civil War: total suppression of political dissent was likely to sap the vitality of all existing organs of mass participation in public life, including the very Soviets from which the new regime ostensibly drew its political identity. Thus it took the combination of events which marked the end of 1920 and the beginning of 1921—Kronstadt and the widespread disorders in the countryside, the turbulent Tenth Party Congress and the enforced retreat to the New Economic Policy—for the Soviet leaders to harden their wills to the decisions that eventually led to the emergence in Russia of a full-blown totalitarian regime.

Mr. Dvinov's account should be weighed not only on the basis of the documentation he brings forth and the fact that, as a member of the Russian Bureau of the Central Committee of the Menshevik Party and as a deputy in the Moscow Soviet, he was a participant and observer of most of the events that he recounts; it should also be viewed in the light of the political values he has held throughout his adult life. The reader will find in Mr. Sapir's introduction an adequate summary of Mr. Dvinov's political career. What needs to be stressed here is that throughout this career, both in Russia and in emigration, Dvinov consistently remained a Menshevik Internationalist, a fervent member of what may be broadly described as the left wing of the Menshevik Party. During the First World War he vigorously denounced all those in the Menshevik Party who appeared in any fashion to support the war effort, and he was a dedicated advocate of the platform of the Zimmerwald "center"—which sought to bring the war to an end by a peace "without reparations and annexations." He stubbornly held to this position after the outbreak of the February Revolution; and as a member of the minority of Menshevik Internationalists under Martov's leadership, he opposed the Party majority's decision to join, in the defense of "revolutionary democracy," a coalition government with representatives of "bourgeois" parties. After October, when the Menshevik Internationalists regained control of the Party, Dvinov wholeheartedly endorsed the new Central Committee's decision to lend the "Soviet power" active support against foreign intervention and "internal reaction" even while denouncing the Bolshevik regime for its reckless economic policies and its suppression of civil and political freedoms. And even after Kronstadt and the wholesale repressions that ensued, Dvinov still clung to the belief, articulated in Martov's theses of April 1920, in the inherent capacity of Soviet society to evolve in a democratic and socialist direction. This, then, was Mr. Dvinov's political credo through the trying period in the history of Menshevism that his account recalls. And the basic values reflected in this credo have stayed with him to this day.

This sketch should give readers a sense of the political outlook of the author of this volume. I hope it will also add to an understanding of the complexity and the tragic dimensions of the years in the history of the Menshevik Party and of the Soviet regime that he describes. For further information on this period, readers may also wish to consult two publications: Mr. Dvinov's own *Moskovskii Soviet Rabochikh Deputatov* (1918—1923), mimeographed copies of which have been deposited in American and Western European libraries; and a monograph under my own editorship, entitled *Menshevism During the Years of Soviet Rule,* which is shortly to appear in English, under the joint imprint of the Hoover Institution and the University of Chicago Press.

Both of these studies were prepared under the auspices of the Inter-University Project on the History of the Menshevik Movement. This project was launched in the fall of 1959 by an ad hoc committee of specialists in Russian history from various American universities, in cooperation with representatives of the then already fast-dwindling Menshevik community in the United States. This group assigned itself two major objectives:

First, to assemble systematically all available data on the history of Menshevism with particular emphasis on those aspects of the Party's history (such as its development after the October Revolution) that were likely to remain largely unrecorded unless a special effort was now made to reconstruct them.

Second, to give survivors of the various factions represented in the Menshevik Party the opportunity—with the benefit of a half-century's perspective—to compare and reexamine their views about those aspects of Party history in which they were most directly involved.

The American scholars associated with the Project and the institutions that came to their support did not necessarily share many of the historical judgments rendered in this second aspect of the Project's work. But it was felt that only by the publication of such judgments could the program make a really significant contribution to an understanding of the outlook and values of a stratum of the Russian radical intelligentsia largely silenced, if not destroyed, after the October Revolution. It may be emphasized, in this connection, that the historiographies of the great English and French revolutions, for example, have drawn their richness and vitality not merely from the availability of a vast fund of source materials, but also from the persistent confrontation of conflicting views and values that were represented in these two revolutions—viewpoints which, even as they underwent

7

periodic transformations as they were passed from generation to generation, became integral components of the English and French cultural traditions.

The pursuit of the two major objectives that the Project assigned itself has involved an unusual collaboration for more than six years among American scholars and survivors of the Menshevik movement in the United States and Western Europe. The fruits of this cooperation have been:

1. The establishment at Columbia University of a permanent archive on the history of Menshevism, in which have been deposited an extensive collection of documents and newspapers of the Menshevik Party, records of interviews conducted by associates of the Project with survivors of the Party, and transcripts of seminar discussions of various Project studies at which an effort was made—through the confrontation of conflicting viewpoints—to explore in some depth the motives underlying the political courses adopted by the various factions represented within the Menshevik Party over the past half-century.

2. The preparation, and distribution in multilith form, of accounts by survivors of the Menshevik Party residing in the United States and Western Europe of events in the Party's history in which they were participants. To date, seventeen of these studies have been deposited by the Project in major American and European libraries.

3. The preparation for publication of memoirs, bibliographies, and documentary and monographic studies by Menshevik associates of the Project and by participating American scholars. Some of these works are being published directly by the Hoover Institution. Others are being published in English jointly by the Hoover Institution and by the University of Chicago Press.

This summary of the activities of the Menshevik Project cannot be concluded without reference to the broad and generous assistance the Project has received since its inception. This assistance included a major initial grant by the Ford Foundation and subsequent support by the Rockefeller and Atran Foundations, the American Council of Learned Societies, and the Hoover Institution.

Equally important was the aid and counsel rendered by individual faculty members and programs of Russian studies at the Universities of California, Chicago, and Washington, and at Columbia and Harvard Universities, without which the Project could not have been conceived and started on its way.

LEOPOLD H. HAIMSON
Director, Menshevik Project

ВВЕДЕНИЕ

Понятия очень относительны, — и начало двадцатых годов можно рассматривать как единственную счастливую полосу в истории меньшевизма в пооктябрьский период русской революции. Счастливую — в смысле субъективного самочувствия деятелей партии, как бы не заметивших того, что объективный ход вещей именно тогда подготовлял физическое уничтожение социал-демократии. Но на заре нэпа социал-демократы чувствовали себя именинниками. На X съезде РКП, в докладе, сделанном 15 марта 1921 г., Ленин провозгласил замену продовольственной развёрстки натуральным налогом и РСДРП торжествовала победу. Разве не она чуть ли не со дня захвата власти большевиками требовала соглашения с крестьянством; разве не она, апеллируя к основам русского марксизма, протестовала против огульных национализаций; и разве не она в листовке «Что делать» сформулировала идею смешанных форм хозяйства?

Настроение, царившее среди меньшевиков после отказа РКП от политики «военного коммунизма», лучше всего передает фраза, употребленная Мартовым — в другой связи и в иную эпоху — в одном из писем к Аксельроду: «...наша история идет «невероятными путями», но, в конце концов, она — что касается партии и рабочего класса — всё-таки идет по Аксельроду». (Письма Аксельрода и Мартова, Берлин, 1924 г., стр. 147 и 148). Волна подъема охватила партийную периферию и центр. Обновленная социал-демократическая организация оказалась способной в течение ряда лет сохранить связи с рабочими в важнейших промышленных пунктах страны и поддерживать регулярный контакт с руководящими социал-демократическими органами в эмиграции — Заграничной Делегацией и «Социалистическим Вестником». То и дело притекали, хотя и в скромных размерах, свежие кадры в лице молодежи а также проснувшихся к политической активности прежних социал-демократов, сбитых с толку необычностью хода событий, не укладывавшегося в схемы, разработанные еще группой «Освобождение труда» и освященные многолетней традицией.

С началом нэпа все, как будто, стало на свое место. Буржуазная природа русской революции, которую большевики выгнали в дверь, казалось, вломилась в окно. За поворотом экономического курса последуют, как тогда думали, и политические перемены. Разногласия между разными течениями партийной мысли начали терять свою остроту. В результате, несмотря на каторжные условия существования партии, оптимизм все больше и больше пробивался в сознание ее работников. В этой связи несомненный интерес представляет «свидетельское показание» одного из видных деятелей партии, высланного из России зимой 1922 г. вместе с группой социал-демократов во главе с Ф. И. Даном и отправившего, чуть ли не тотчас же по прибытии заграницу, письмо с информацией о положении на родине патриарху партии — Аксельроду (письмо находится в архиве Аксельрода в Амстердамском Институте Социальной Истории). Самое тяжелое позади, — писал автор письма и пояснял, — несмотря на все удары, обрушивающиеся на партию, она живет и действует и, что самое важное, привлекает к себе молодое поколение.

Удары, упоминавшиеся в письме к Аксельроду, действительно превосходили преследования партии до 1921 года и росли как бы в геометрической прогрессии по отношению к трудностям, выдвигавшимся поступательным ходом нэпа. Тот же Ленин, который открыл двери нэпу на Х съезде РКП, сформулировал политику советской власти по отношению к социалистической оппозиции. В мае месяце 1921 г. он выпустил брошюру о продовольственном налоге, в которой писал: «Мы будем держать меньшевиков и эсеров, все равно как открытых, так и перекрашенных в ,беспартийных', в тюрьме». Кремлевское правительство не замедлило превратить директивы своего вождя в жизнь. Очень скоро возродился институт административной ссылки и начала функционировать система концентрационных лагерей особого назначения. Сухая гильотина была пущена в ход.

Общественное мнение партии меньшевиков долго не отдавало себе отчета в политическом и социологическом смысле сгущавшегося террора. Лишь много позднее партия осознала, что «наша история идет не по Аксельроду». Партийные платформы, статьи в партийной прессе — в эмиграции и, пока она не была уничтожена, также в России, — в течение двадцатых годов да и в начале тридцатых, — мыслили, по аналогии с великой французской революцией, в терминах термидора, бонапартизма, предотвращение которых ставилось задачей социал-демократии (левые на одних путях, правые на других). Возникновение большевистского тоталитаризма сознание партии зарегистрировало лишь к концу тридцатых годов.

10

Сейчас, свыше 40 лет спустя, не трудно критиковать тогдашние иллюзии и вскрывать мнимую научность тогдашних марксистских прогнозов. Однако для понимания начала двадцатых годов важны мысли и чувства людей того времени. Только в этих настроениях они почерпнули силу, чтобы предпринять последнюю в истории русской революции попытку — обреченную на неудачу, как мы теперь знаем, но от того не менее ценную (морально и политически) — а именно обессилить принцип однопартийности, внедряемый большевиками. Они заплатили страшной ценой за дерзание отстаивать автономию личности, классов и групп против государства левиафана. Но «то дело прочно, когда под ним струится кровь». Придет пора, и новые поколения будут изучать все перипетии этого эксперимента, являющегося одним из этапов борьбы двух начал за душу современного общества: демократического социализма и тоталитаризма.

Предлагаемая читателю книга Бориса Львовича Двинова повествует о том, как жили и боролись меньшевики в начале двадцатых годов; она дает живую картину русской действительности того периода, говорит о переменах, совершавшихся в РКП в первые годы нэпа, сообщает ряд любопытных подробностей о видных социал-демократах и дает представление об организационной структуре партии меньшевиков, об ее центральных органах и о проблемах, волновавших партийную мысль. Это не исследование, а рассказ очевидца, проделавшего на собственном горбу весь опыт перехода партии меньшевиков от легальной деятельности к подпольной работе. Субъективная окраска его рассказа придает изложению особенную ценность, и с этой точки зрения «От легальности к подполью» является единственным в своем роде первоисточником по истории русской социал-демократии. Других подобных источников, насколько мы осведомлены, — нет.

Б. Двинов, участвуя в революционном движении с начала настоящего века, проделал, в качестве социал-демократа, революцию 1905 и 1917 гг.; был чуть ли не бессменным членом Московского Совета Рабочих Депутатов до и после октябрьского переворота, но его finest hour пробил в начале двадцатых годов. Где, как и с кем он тогда действовал, об этом читатель узнает с собственных слов Б. Двинова.

Попав ранней весной 1923 г. за границу, Б. Двинов входит в партийный центр, Заграничную Делегацию, и становится непременным членом коллегии сотрудников «Социалистического Вестника». Его перу принадлежат следующие работы: «Власовское движение в свете документов», «Politics of the Russian emigration», «Московский Совет Рабочих Депутатов 1917-1922. Воспоминания», «Первая мировая война и российская социал-демократия». В период расхождений в социал-демократической среде о новой эмиграции (после второй мировой войны) Б. Двинов входил в редакцию сборников «Против течения». Нет необходимости подробнее останавливаться на публицистической деятельности Б. Л. Двинова, протекавшей в эмиграции в течение нескольких десятилетий, как на страницах «Социалистического Вестника», так и в других органах печати («Новый Журнал», «Новое Русское Слово»), и привлекавшей к себе внимание широкого круга русских читателей.

Не случайно Б. Двинов посвящает свою книгу и помещает в качестве приложения к ней сохранившиеся у него записки Георгия Дмитриевича Кучина. Это не только дань дружбе, связывавшей его с Г. Кучиным, но и выполнение неоплатного долга всей меньшевистской партии по отношению к человеку, который воздвиг себе памятник нерукотворный в сердцах его политических соратников.

Побег Г. Кучина из Туркестанской ссылки летом 1922 г. ознаменовал собой реорганизацию социал-демократической партии на началах, соответствовавших тому положению, в котором она очутилась в результате большевистских преследований. Г. Кучин сразу занял место руководителя Бюро ЦК в России. Он создал нелегальный аппарат партии, организовал подпольную партийную типографию, редактировал печатавшийся в ней журнал «Социал-Демократ», вдохновлял, распределял и инструктировал местных работников партии и находил время писать статьи для «Социалистического Вестника». В этих статьях он развивал взгляды, складывавшегося под его влиянием в России особого течения, отличавшегося реалистической оценкой социальных сил пореволюционного русского общества и ставившего — я бы сказал — аксельродовское ударение на подготовке элементов подлинной рабочей партии.

При таком подходе Кучину было легко найти общий язык с т. н. правыми. А. Ф. Девяткин, Б. С. Васильев, М. И. Либер, И. А. Кушин — могли сотрудничать с Г. Кучиным без всяких трудностей. Но и не меньшую поддержку он встретил со стороны т. н. левых как то: бундистов В. М. Драбкина и И. В. Светицкого и меньшевиков — братьев В. и М. Кононенко, И. Г. Рашковского и многих других, в том числе всех работников Союза Молодежи.

К этой роли в двадцатых годах Г. Кучин был подготовлен своей деятельностью до и после революции 1917 г. К сожалению, я не знаю точно, где и как Г. Кучин заслужил свои шпоры. Но уже в 1912 г. в «Нашей Заре», издававшейся А. Н. Потресовым появилась статья «Старый вопрос» за подписью К. Оранский, подвергавшая самостоятельной трактовке проблему ликвидаторства.

12

За ней последовали другие статьи, а в 1915 г. Оранский, он же Г. Кучин, становится членом Организационного Комитета (меньшевистский центр в России). Во время войны Кучин — офицер артиллерист. После революции он выдвигается как председатель армейского комитета (XII армия), а потом фронтового комитета (северный фронт) и выбирается во ВЦИК первого созыва. Это он от имени армейских комитетов ответил генералу Корнилову на Московском Государственном совещании.

После октября, в 1918 г., Г. Кучин, кооптированный весной в Центральный Комитет партии — один из инициаторов движения по созданию организации уполномоченных от фабрик и заводов (см. Г. Аронсон в сборнике «Против течения» 1952 г. стр. 66-77). Он же главный работник партийного Комитета Центральной Области (в Москве) и основной редактор органа этого комитета «Новая Заря». Недавно скончавшийся Ю. П. Денике, член Комитета Центр. Обл. и редакции «Новая Заря», неоднократно указывал на роль Г. Кучина в тот период, когда последнему удалось создать единый фронт от Мартова-Дана до Любовь Николаевны Радченко и других правых. В 1919 г. Г. Кучин в Киеве борется в условиях деникинского режима за восстановление профессиональных союзов, Центральный Совет которых избирает его своим председателем (см. Г. Кучин-Оранский — «Добровольческая зубатовщина», Берлин, 1924 г.). После занятия Киева Красной Армией большевики предают Г. Кучина вместе с другими социал-демократами суду Ревтрибунала, главным образом за докладную записку европейским социалистическим партиям, в которой Г. Кучин рисовал положение рабочего класса в условиях белого и красного террора. С началом русско-польской войны, Кучин, в согласии с решением партии, идет добровольцем в Красную армию. А потом опять политическая работа в Киеве, Харькове, за которой следует арест и ссылка в Туркестан.

После двух лет подпольной работы, описанной в его записках, Г. Кучин пробирается за границу, чтобы участвовать в разработке партийной платформы и информировать Социалистический Интернационал о положении в России. Кстати, тогда он и составил свои записки. Поездка его чуть не сорвалась, когда он был задержан на латвийской стороне из-за отсутствия соответствующих документов. Только своевременная интервенция латвийских социал-демократов спасла его. Но Чека проследила его на обратном пути в Россию и в 1925 г. он был приговорен к десятилетнему заключению и отправлен в политизолятор в город Свердловск (Екатеринбург). Видимо, оттуда его перевели в Суздальский политизолятор. Затем следы его теряются. Виктор Серж видел его не то в 1933 г., не то несколько позднее в ссылке в Оренбурге.

(см. Victor Serge: «Russia 20 years after», New York, 1937, p. 82). Из частного письма, адресованного неизвестным лицом Лидии Осиповне Дан в июле 1947 г. следует, что Г. Кучин был вновь арестован 17 февраля 1935 г. в Ульяновске. Дальнейшая судьба его неизвестна.

Да позволено будет мне закончить личной нотой. В январе 1923 г. я вынужден был прекратить партийную работу в Харькове и отправился в Москву, чтобы получить от Бюро ЦК назначение в другой город. У меня была явка на квартиру Б. Двинова и там я встретил Г. Кучина. Таким образом в моем воспоминании о том периоде имена Б. Двинова и Г. Кучина переплетаются и я испытываю огромное удовлетворение и от того, что появляется в свет труд Бориса Львовича Двинова «От легальности к подполью» и от того, что этот свой труд он посвящает Георгию Дмитриевичу Кучину.

Нью-Йорк, май 1965 г.   Борис Сапир

ОТ АВТОРА

В книге «От легальности к подполью» автор стремится передать и сохранить для будущего картину борьбы, происходившей в Советской России, когда, после военного коммунизма, был объявлен нэп, и страна поверила, что это «всерьез и надолго». На фоне крестьянских восстаний, выступления кронштадтских матросов и страшного голода, унесшего до пяти миллионов человеческих жизней, вопрос о спасении элементов демократической революции стоял во всей остроте для уцелевших частей РСДРП. Партия меньшевиков с новой силой после объявления нэпа боролась за демократизацию режима, за т. н. политический нэп, приход которого считался неизбежным. Этим объяснялось в ту эпоху судорожное цепляние меньшевиков за легальность, за право оставаться легальной оппозицией в условиях всеобщего подавления свободы.

К сожалению, надежды на политический нэп не оправдались. В неравной борьбе меньшевистская партия была разбита. Ее актив в столице и провинции был брошен в советские тюрьмы, — о чем поведал Ленин в своем докладе о введении нэпа. Предлагаемая вниманию читателей работа одного из активных участников этого периода борьбы трактует о деятельности меньшевиков в переходное время от легальности к подполью (1921—1922 гг.).

Как известно, диктатура Ленина сменилась в последующие годы чудовищной диктатурой Сталина, политикой коллективизации деревни, организованным голодом, гибелью миллионов, системой концентрационных лагерей. В истории коммунистической революции т. н. культ личности навсегда отмечен неслыханным разбойничьим террором, проводимым по плану в городе и деревне. Перепуганные на смерть властители прибегли к помощи ВЧК, которая в своей деятельности усовершенствовала богатый опыт царской охранки.

В описываемый мною период, предшествовавший расцвету сталинизма, большевики уже не постеснялись восстановить институт ссылки, практиковавшийся при старом режиме, — и стали ссылать своих противников на дальний север, в Сибирь, в Туркестан и... за границу. Так случилось, что почти вся верхушка русской интеллигенции, во всяком случае ее квалифицированные кадры, очутились за пределами Советского Союза. Мы в своей полулегальности и своем полуподполье наблюдали в эти годы позорное бегство некоторых бывших лидеров меньшевизма, спешивших покинуть тонущий корабль нашей партии: капитулировали перед торжествующим большевизмом бывшие члены ЦК нашей партии: Горев, Ерманский, Мартынов, Майский, Семковский, Трояновский, Хинчук и некоторые другие. На фоне этого позорного дезертирства особенно хочется отметить самоотверженность, моральную выдержку и глубокую верность своим убеждениям, проявленную теми, которые взяли на свои плечи продолжение исторической борьбы российской социал-демократии против диктатуры и бесправия за демократию и свободу в условиях неслыханного террора.

Мы упоминали выше о возрождении института ссылки. Но верные наши товарищи, очутившись из тюрьмы в ссылке, прибегли к испытанному методу старых революционеров, и стали самовольно покидать ссылку — с единственной целью: включиться в ряды подпольной армии работников партии. Одним из первых беглецов описываемой эпохи явился из ссылки в Москву Георгий Дмитриевич Кучин-Оранский, который сейчас же вступил в Бюро Центрального Комитета нашей партии и успел за короткое время оставить заметный след в работе партии. Когда автор этих строк покидал Россию, его сменил этот мужественный революционер, один из преданнейших деятелей партии. Он сыграл в частности большую роль в деле объединения различных течений партии, ее левого и правого крыла, в равной мере подвергавшихся преследованиям.

Книга «От легальности к подполью» написана была очень давно, в 1923 году, по приезде автора за границу, написана была по свежей памяти и по горячим следам борьбы, которая шла в Советской России. Рукопись пролежала в архиве свыше 40 лет и чудом сохранилась во время скитаний из Берлина в Париж, из Парижа в Нью-Йорк. Полагаю, что книга эта не потеряла своего значения как документ давно ушедшей в прошлое эпохи, как страница истории партии меньшевиков. К ней непосредственно примыкает печатаемая наряду с моей рукописью рукопись Г. Д. Кучина, посвященная первым шагам нашего подпольного существования под коммунистическим режимом, — которую он успел написать во время своего краткого пребывания в Берлине на партийной конференции 1924 года.

Я выражаю искреннюю признательность Атран-Фондэйшн, давшему возможность осуществить давно задуманный план издания этой книги, а также хочу поблагодарить товарищей Г. Я. Аронсона, И. М. Минкова и Б. М. Сапира за оказанное мне содействие в подготовке книги к печати. Само собой разумеется, что ответственность за содержание книги лежит только на мне.

Нью-Йорк, июнь 1965 г.   Б. Двинов

ОТ ЛЕГАЛЬНОСТИ К ПОДПОЛЬЮ

Посвящается
Георгию Дмитриевичу Кучину-Оранскому

Конец 1920 года

1921-1922 гг. занимают в истории РСДРП-меньшевиков особое место. Это был переходный период от легальности к подполью. Конечно, трудно считать легальным то положение, в котором находились меньшевики и в предыдущие годы: отсутствие печатного органа, непрерывные аресты, обыски и высылки. Но по сравнению с общими условиями, в которых жила вся страна, это все же была «легальность»: у нас был свой клуб, в котором мы открыто собирались; мы выступали на рабочих собраниях и митингах; участвовали в избирательных кампаниях в Советы. Лично мы тоже жили легально, — во всяком случае те из нас, которые не были под арестом. На 25 декабря 1920 г., несмотря на все репрессии, была назначена партийная конференция, которая должна была заседать открыто. Легальность и подполье чередовались для нас с середины 1918 г., в зависимости от политического курса власти, от изменчивого хода гражданской войны и т. д. Мы сами как-то свыклись с этим и считали почти «нормальным», что через месяц, когда будут перевыборы в совет, нас, вероятно, арестуют на это время, а потом, может быть, и выпустят. Это входило в нашу политическую «калькуляцию».

Противоречие в положении меньшевиков, когда одних арестовывают, как «зловредный элемент» за их принадлежность к партии, в то время, как другие открыто выступают и действуют как члены той же партии, повидимому, не смущало большевиков. Эта противоречивость проявлялась и во многих других случаях.

Например, разная судьба была у находившихся под влиянием социал-демократов профессиональных союзов печатников и химиков. В то время, как союз печатников был разогнан 18 июля 1920 года, и правление его посадили в тюрьму, союз химиков власти еще долго терпели и разогнали годом позже. К характеристике политики власти следует отметить, что в то время, как правление печатников в сентябре 1920 г. было приговорено к концентрационному лагерю на 1-2 года, — а спустя 2 месяца оно было освобождено, в то же время, в ночь на 1921 год, Чека сделала набег на профессиональный союз химиков. Но вряд ли возможна более яркая иллюстрация этой двойственности политики большевиков, чем официальное приглашение ВЦИКом представительства нашей партии на 8-ой съезд Советов в декабре 1920 г.: нас арестовывали и ссылали за принадлежность к партии, — одновременно приглашали ЦК этой партии прислать своих представителей на 8-ой съезд Советов.

Ф. И. Дан находился тогда в ссылке в Смоленске, и наш меньшевистский ЦК, разумеется, назначил его в состав делегации на съезд Советов. И ВЦИК Советов вернул Ф. Дана из Смоленска, доставил его на 8-ой съезд, где он произнес, вопреки регламенту, почти часовую политическую речь, подвергнув критике политику Ленина и развернув платформу нашей партии (см. «Социалистический Вестник» № 2, 1921).

После этого политического выступления Дана, как и выступления Далина по вопросу о «посевной повинности», большевики не позволили нашей делегации огласить своей резолюции, вынудив ее протестом покинуть съезд Советов. Для характеристики неуверенности и даже растерянности большевиков все это очень показательно..

А растерянность была у большевиков весьма велика!

Гражданская война приняла во второй половине 1920 года партизанский характер. Крестьяне поднимались уездами, жгли, грабили, убивали советских работников, главным образом, продработников, — взрывали мосты, железные дороги, а порой занимали города, где жестоко расправлялись с местной властью. В Тамбовской губернии почти год орудовал отряд Антонова, которого большевики называли эсером, и с которым не могла справиться власть при помощи целой армии. В городах был голод; отсутствие хлеба и топлива давало себя знать все острее, и коммунистическая фразеология явно раздражала рабочих. О настроениях служащих и других слоев населения говорить не приходится. Власть, зайдя в тупик, совершенно растерялась и стала искать выхода в «посевной повинности», пытаясь **заставить** мужика сеять по «плану из центра»: где — мяту, а где — коноплю.

В результате в самой правящей партии возникли оппозиции: «Рабочая правда», «Рабочая группа», «Рабочая оппозиция»... Вожди передрались между собой. Ленин, утомленный дракой с Троцким, Бухариным, Шляпниковым и др., заявил на фракции коммунистов 8-го съезда Советов: «... все это мне смертельно надоело, и я хотел бы уйти». Всем этим, вероятно, объясняется двойственная, неуверенная политика власти по отношению к нашей партии. Чека, конечно, была за репрессии, за ликвидации, но в Политбюро, повидимому, не могли еще столковаться между собой в этом вопросе. Надо думать, впрочем, что у Чеки были свои многообразные соображения. Помню, как М. Л. Винавер (меньшевик, работавший в Политическом Красном Кресте по оказанию помощи заключенным в тюрьмах, а в юности — товарищ Дзержинского по гимназии) передал мне однажды такие слова Дзержинского: «Меньшевиков можно арестовать по телефону, — и они явятся к нам». Это была ирония Чеки по поводу нашего решительного нежелания уходить в подполье. Но было и другое соображение у деятелей Чеки: если сразу всех меньшевиков изъять, то что же потом будет делать меньшевистский департамент в Чеке? В этом случае чекистам грозила полная безработица.

Кажется, Г. О. Биншток, которого систематически вызывали в Чеку, убедительно доказывал следователю Колосовскому полную зависимость последнего от меньшевиков. «Не было бы нас — не было бы и вас», — говорил он ему. Не было бы ни чинов, ни пайков у чекистов, ни прочих «завоеваний революции».

Кстати, о бездарности Чеки. Я достаточно хорошо знаю, как усердно в первые годы Чека разыскивала нашу связь с Заграничной Делегацией: пути получения «Социалистического Вестника», способы отправки корреспонденции и переписки. Но за эти годы, несмотря на свои старания, могущественный аппарат Чеки не только ничего не раскрыл, но и не помешал нашей почти регулярной связи с заграницей. Мы жили легально, открыто приносили на заседания Московского Совета номера «Социалистического Вестника», и председатель Совета Л. Каменев в сердцах кричал с трибуны: «У них ‚Социалистический Вестник’, они шлют туда корреспонденции. Мы этого не потерпим!»... А мы продолжали посылать и получать и письма, и «Социалистический Вестник» иногда в сотнях экземпляров, — и все это оставалось неуловимым для органов Чеки.

К концу 1920 года политическое и экономическое положение Советской России было ужасающее, и «стальная когорта» РКП никак на могла с этим справиться. Что же касается нашей меньшевистской партии, то, разумеется, она была разбита, — отсутствовала у нас печать, отсутствовала у нас постоянная связь Центрального Комитета с местами, не было средств, не было «профессионалов». Но все же повсюду были и действовали партийные коллективы и группы меньшевиков, а на Юге, где работал Главный Комитет Украины, и где, благодаря частой смене властей и общей политической неустойчивости, — террор был слабее, партийные организации в общем сохранились, — настроение у меньшевиков было довольно бодрое, — более бодрое нежели, например, в 1918-1919 годах, когда отдельные лица в партии заговаривали об ее роспуске. Сейчас чувствовалось, что коммунистическая система зашла в тупик и выдохлась, что внутреннее напряжение в стране достигло высшей точки. И казалось, раз большевики признают свое поражение в хозяйственной области, то неизбежно должна измениться и политическая надстройка, неизбежна демократизация режима, — применительно к требованиям новой экономической политики (нэпа). Этот нэп был уже на носу, хотя ни намека на него не появилось в официальной печати . . .

В этих условиях мы собрались в меньшевистском клубе «Вперед» на Мясницкой 31, чтобы встретить 1921 год.

Накануне освободили из московской тюрьмы группу меньшевиков из Ростова-на-Дону: А. Локермана, Б. Васильева, Петренко — мужа и жену, Гурвича и др., которые, не имея квартир, приехали прямо из тюрьмы в клуб. Это была крайне правая оппозиция в нашей партии, и ее присутствие на встрече должно было символизировать единство партии.

Собралось человек 150. С точки зрения людей нормальной жизни обстановка нашей новогодней встречи была довольно необычной. Убогий ужин состоял из бутербродов с селедочной икрой, из пшенной каши и компота. Все эти продовольственные блага правление клуба раздобыло из МПО или от наркомпрода, — используя свои связи. Была одна бутылка яблочного кваса, символизируя собой шампанское. Но как богата была нематериальная часть вечера: рассказы А. Локермана и И. Кубикова, песни А. Бибика, хоровое исполнение тюремных частушек печатниками, песни А. Девятника, музыка, речи, загадки! Обще-политическую речь произнес Ф. Дан, «пили» за здоровье П. Б. Аксельрода и Ю. О. Мартова. Было бодро и весело. Расставаясь в 5 часов утра, мы не зря желали друг другу не в худших условиях встретить и будущий год.

1921 год

Январь не принес с собой ничего нового. У большевиков шла ожесточенная дискуссия о профсоюзах, в которой участвовали и боролись друг против друга все лидеры: Ленин, Троцкий, Бухарин и др.

Ф. И. Дана, несмотря на все хлопоты и настояния, выслали из Москвы в Петроград.

Нужно отметить, что в это время в Москве появился нелегальный журнал — № 1-й «Юного пролетария», изданный нашим союзом социал-демократической молодежи, основанным весной 1920-го года. Союз этот долго не имел строго-партийной физиономии, называл себя то рабочим, то социалистическим союзом, допускал в свой состав эсеров и т. д. Понемногу однако он превращался в союз партийный, и его активные работники, — Андрей Кранихфельд, И. Рапипорт, Б. Сапир, Н. Зингаревич, Л. Гурвич, Д. Фальк, Л. Якубсон, Р. Эльман, Л. Ланде, А. Зимин и др., — среди которых было не мало членов партии, — придали союзу молодежи выдержанный партийный характер. Союз был настроен радикальнее партии и более оппозиционно относился к большевикам: сказывался темперамент молодости. Свой орган союз печатал на ротаторе. Конспирация издания была столь слабо поставлена, что даже печатался он в клубе «Вперед», едва ли не при участии всей группы.

Тон и содержание «Юного пролетария» были очень резкими, что вызвало у кой-кого на партийных верхах даже беспокойство. Такие выражения, как «жандармы», «палачи», «убийцы» и т. д. партия не употребляла, как несовместимые с легальностью и лояльной оппозиционностью партии. А молодежь загибала всякие слова! Кажется, редакция органа молодежи получила даже выговор от ЦК.

Появление «Юного пролетария», как и вообще выход на политическую авансцену Союза социал-демократической молодежи вызвало настоящий переполох в комсомоле. Представители меньшевистской молодежи показались на заводских собраниях, выступали там с шумным успехом, а появление их на общегородской конференции беспартийной молодежи увеличило, разумеется, еще больше интерес к Союзу, тем более, что с этой конференции молодых меньшевиков выпроваживали чекисты и, с помощью прикладов, красноармейцы в то время, как они распевали «Вихри враждебные». Часть беспартийных бурно реагировала на изгнание оппозиционеров, и многие из солидарности покинули конференцию.

20 февраля 5 членов Союза молодежи в том же клубе «Вперед» печатали на ротаторе № 2-ой своего журнала «Юный пролетарий». В этот момент нагрянула Чека. Представители с.-д. молодежи были арестованы, а заодно с ними и ЦК Бунда, заседавший в это время в соседней комнате. Впрочем, спустя два дня ЦК Бунда был освобожден. Правительство явно еще находилось в нерешительности и не знало, как быть: покончить ли с нами одним ударом, или продолжать свою двойственную политику? Возможно, что перед лицом европейского общественного мнения большевики не решались открыто уничтожить с.-д. партию, только что приглашенную на съезд Советов. Этим объясняется, что руководители Чеки Ксенофонтов и Лацис в своем циркулярном письме № 5 («Социалистический Вестник» № 4, 1921 г.) рекомендовали всем Губчека «привлекать к ответственности» не как меньшевиков, арестованных членов нашей партии, а «использовать военное положение и привлекать, как спекулянтов, контрреволюционеров и по преступлениям по должности». Увы, чекистам не удавалось, несмотря на все потуги, ни одного меньшевика привлечь по этим статьям, — в то время, как во всех тюрьмах функционировали «коммунистические коридоры», битком набитые большевиками — ворами, мошенниками и взяточниками.

В это время прибыло известие из Петрограда об освобождении из тюрьмы М. Бабина, недавно приговоренного к пяти годам принудительных работ. Там же освободили Каменского (правда, сосланного вскоре в Вологду, а потом в Нарым, где он и погиб в апреле 1924 года). В Москве освободили эсера доктора Донского, участника процесса «Тактического центра», освободили также и наших меньшевиков из Могилева, и среди них студента Ратнера, которого освободили под поручительство ЦК меньшевиков. Словом, проявлено было столько «либерализма», что ничто не предвещало резкого поворота со стороны власти, как это произошло 25 февраля.

Главной причиной прилива большевистской ярости надо считать рабочие беспорядки, вспыхнувшие тогда в Москве и Петрограде. В связи с сильным продовольственным кризисом начались в обоих столицах рабочие волнения, вылившиеся в демонстрации и забастовки. Забастовавшие рабочие шли с завода на завод и снимали работающих. В Хамовниках в Москве рабочие явились в казармы, — возникла стрельба, были раненые и убитые. Вечером происходил огромный рабочий митинг, привлекший до 10 тысяч человек, настроенных антибольшевистски. В Петрограде тоже происходили демонстрации. Но руководства движением не было, и лозунги были пестрые: «Учредительное Собрание», «Коалиционное Социалистическое Правительство», «Перевыборы Советов»,

«Свобода торговли», «Политическая свобода» и т. д. Движение носило стихийный характер. Власти, не имея хлеба и опасаясь призрака свобод, пустили в ход машину Чеки.

25 февраля 1921 года в клубе «Вперед» состоялось общее собрание нашей московской организации. Присутствовало около 160 человек. Все были арестованы нагрянувшим отрядом Чека. Клуб был запечатан. Спустя день, 26-го февраля в Петрограде были арестованы меньшевики с Ф. Даном во главе. Одновременно были произведены аресты меньшевиков в Самаре, Саратове, Брянске, Одессе и многих других местах.

Меня в это время не было в Москве, и подробностей разгрома я не знал. Одновременно появились слухи о начавшемся восстании матросов в Кронштадте. Я тотчас же выехал в Москву. Слухи о Кронштадте имели сенсационный характер. Комендантом вагона Центросоюза, в котором я ехал, был матрос, хорошо знавший Кронштадт. Он очень картинно рассказывал, как трудно, почти невозможно, взять броненосец «Петропавловск», который, повернувшись бортом к Петрограду, может в несколько минут испепелить его.

Находившиеся в вагоне по дороге в Москву рабочие и солдаты были чрезвычайно заинтересованы восстанием в Кронштадте. Все явно сочувствовали восставшим матросам. Но никто вслух не решался высказаться в пользу Кронштадта несмотря на несомненную ненависть к власти, царившую в народе. Забитость и деморализация чувствовались кругом при чтении казенных реляций о восстании в советских газетах.

Мы — члены комиссии Центросоюза ехали своим отдельным вагоном без всякой охраны. Только на дверях была бумажка, что здесь едет «Комиссия», и посторонним вход воспрещается. Мы проезжали мимо десятков станций, на которых валялись неделями люди в ожидании поезда, болели тифом, даже умирали, но никто не решался зайти в наш почти совершенно свободный вагон. На нем висела бумажка, гипнотизировавшая и вызывавшая всеобщий испуг одним, написанным большими буквами, словом — «комиссия». Россия уже знала только одну «комиссию» — **чрезвычайную,** — и все обходили ее за версту.

***

В первых числах марта я вернулся в Москву, где нашел полный разгром. Действующий ЦК меньшевиков состоял из следующих лиц: Ф. Дан, Б. Николаевский, И. Рубин (от Бунда), О. Ерманский, А. Плесков, А. Трояновский, А. Югов, И. Юдин, С. Ежов, Ф. Череванин. Секретарем была К. И. Захарова. Из названных лиц к этому времени уже оказались в тюрьме: Ф. Дан (в Петрограде), Николаевский, Плесков, Ежов, Череванин; Ерманский скрывался и на заседание не являлся. Таким образом ЦК состоял фактически из Рубина, Трояновского, Югова и Юдина. На заседание ЦК, которое было в день моего приезда в Москву, пригласили меня, С. С. Каца и В. Г. Громана. Громан, кажется, был впервые, а я и С. С. Кац числились уже давно «советниками» при ЦК и участвовали в его заседаниях.

Заседание было назначено на квартире у Евг. Рабиновича, но когда я туда явился, то узнал, что ночью у него был обыск, что квартира его провалена, и что все разошлись. Так как это было невдалеке от квартиры Югова, то я решил зайти к нему. Каково же было мое удивление, когда зайдя к нему на квартиру я застал там заседание ЦК! Но таковы еще были наивные времена. На заседании присутствовали: Югов, Юдин, Трояновский, а также Кац и я. Был еще Налетов, саратовский меньшевик, которого прочили в секретари вместо Конкордии Ивановны, обремененной, вследствие ареста ее мужа Ежова, другими делами. Три полномочных члена ЦК представляли собой едва ли не четыре мнения. Трояновский числился на крайней правой, Юдин был «подозрителен по правизне», и один Югов олицетворял «линию ЦК». Югов считал себя единственным «блюстителем» мартовской линии в партии и с большим напором проводил принятое о Кронштадтском восстании решение в своем толковании.

Как оказалось, это уже было второе обсуждение вопроса, и линия ЦК в деле Кронштадта уже определилась. Я не знаю, какие были прения на первом заседании, но когда я попробовал возражать против осуждения Кронштадского восстания и указал, что одного заявления большевиков, что за Кронштадтом стоит реакция, недостаточно, чтобы судить об истинном характере вос-

30

стания, Югов очень резко меня оборвал и заявил, что вопрос решен, и нельзя его возобновлять. Была принята резолюция, изложенная в воззвании 7 марта за подписями ЦК и Московского Комитета. Против нее голосовали Юдин и я. Трояновский был тоже против, но воздержался; голосования Каца не помню, — но формально, в случае разногласий, считались голоса только членов ЦК, и таким образом голос мой и Каца отпали. Впоследствии Заграничная Делегация была очень недовольна этой резолюцией ЦК в Москве.

Ю. О. Мартов писал нам, что ЦК неправильно оценил Кронштадтское восстание, и что наше воззвание — ошибка. Он противопоставил нам воззвание Петроградского Комитета, взявшего правильную линию. Надо сказать, что и ПК, и ЗД были значительно полнее и своевременнее информированы, чем мы. В № 5 «Социалистического Вестника» Мартов поместил два воззвания ЦК о Кронштадте, другие появились затем в № 6 «Соц. Вестника», а из прокламации ЦК и МК были приведены в № 5 лишь выдержки, из коих не видно отношения ЦК к восстанию. Несомненно правильна была позиция ПК, который требовал прежде всего прекращения бойни: «остановите убийство!».

«Красноречив язык пушек, он один способен внушить уважение диктаторам», писал «Соц. Вестник» в № 5, подчеркивая, что «в истории русской революции подавление Троцким Кронштадтского восстания... займет несомненно место поворотного события». Так оно и было. Только что на 8-ом съезде Советов Ленин заявил: «Свобода торговать хлебом это свобода спекуляции и кулачества. Ляжем скорее костьми, а этого не допустим». И вдруг, спустя 2 месяца, не спрашивая никаких советов, Ленин, под аккомпанемент кронштадтских пушек, состряпал новое «откровение в грозе и буре», — брошюру о продналоге, в коей, списав меньшевистскую экономическую программу, провозгласил цинично: «Итак, назад к капитализму» и прибавил: «а меньшевиков и эсеров мы будем бережно держать в тюрьме».

«Всерьез и надолго», — поклялись все законопослушные большевики на X съезде коммунистической партии в том же марте 1921 г. и поклонились новорожденному нэпу.

Нэп неожиданно родился, а с ним вместе создалась совершенно новая обстановка. Потребовалось и для нашей партии многое пересмотреть.

И хотя партия и ее актив находились за решеткой, скромные силы, которые еще остались на воле, приняли участие в той буче, которая поднялась тогда в рабочей среде. В марте продолжались волнения на фабриках и заводах. Вопросы экономические, — продовольствие и топливо, — переплетались с политическими: перевыборы Советов, борьба за политические свободы. Для характеристики настроения того времени надо отметить, что когда Чека хотела освободить из тюрьмы членов нашего ЦК, — **цекисты отказались выйти на свободу,** — пока не будут выпущены все рядовые члены партии.

Все еще функционировал находившийся под влиянием меньшевиков профессиональный союз химиков. На губернском съезде Союза химиков из 280 делегатов было только 80 коммунистов. ЦК выпустил «О продналоге» обширный документ (он был напечатан в № 7 «Соц. Вестника»), — автором его был В. Г. Громан.

90% партии сидело в тюрьмах, и только 10% были на воле, и, не скрываясь, продолжали работу. Почему-то их не арестовывали. Мы конспирировали, собирались на частных квартирах, по телефону переговаривались условно, а — главное — у нас появился «Социалистический Вестник».

* * *

Сношения с Заграничной Делегацией, получение «Соц. Вестника» и его распространение были делом весьма конспиративным. № 1 «С. В.», вышедший в Берлине 1 февраля 1921 года, к нам попал лишь в марте. Сношения с Заграничной Делегацией, как и транспорт «С. В.», были поручены мне. До ноября 1922 года я не покидал этого поста «наркоминдела», как меня в шутку прозвали. В моих же руках находились финансы. В течение марта-апреля переписку с Заграничной Делегацией вел еще И. Рубин.

Насколько мне известно, командировка заграницу Ю. О. Мартова и Р. А. Абрамовича не имела своей целью издание органа. По крайней мере мне никогда не приходилось об этом слышать, как и о предстоящем выходе издания. Поэтому появление «Социалистического Вестника» было для партии полной неожиданностью. Впечатление от него было огромное. Все так стосковались по вольному слову, царил такой застой мысли и всеобщий разброд, было так трудно объединить, сцепить разрозненные организации, — что появление «Соц. Вестника» было всеми воспринято восторженно: в тюрьме и на воле.

Не меньше было впечатление от выхода «Соц. Вестника» и среди большевиков. Самый факт выхода за границей меньшевистского органа был для них ударом не в бровь, а в глаз. И особенно приводило их в бешенство появление информации из России.

По существу содержания «Соц. Вестника», по вопросу о характере его было много споров. Южане относились весьма критически, требуя, чтобы «Соц. Вест.» был органом теоретической мысли, а не боевым, актуальным изданием. Критики «С. В.» исходили из того соображения, что он все равно в Россию не проникнет, а издавать такой орган для заграницы смысла не имеет. Мы в Москве были довольны «Соц. Вест.».

Член Главного Комитета на Украине, Л. Зорохович, в письме к Ю. О. Мартову летом 21 года (из Харькова) писал: «В оценке «СВ» сошлись все течения: издание считают нецелесообразным, ибо это значит писать для русской эмиграции. Если бы он был рассчитан для западно-европейского рабочего движения, то его нужно было бы издавать на немецком и французском языках. На распространение в России также рассчитывать не приходится: его читают преимущественно чиновники Наркоминдела и чекисты. Между тем потребность в теоретическом журнале колоссальная. Скоро публика разучится членораздельно мыслить. Такой журнал имел бы огромное значение, если бы он попадал в Россию даже в единицах» и т. д. По тому же вопросу от имени южан писал Юлию Осиповичу и Бер, пространно доказывая, что у «С. В.» нет читателя.

Вопрос о характере «С. В.» поднимался неоднократно и в ЦК, то ли по почину Главного Комитета Украины, то ли отдельных членов ЦК, но каждый раз ЦК признавал линию «С. В.» правильной. (К сожалению, в переписке ЦК с Заграничной Делегацией, относящейся ко времени появления «Социалистического Вестника», — совсем нет о нем откликов. Письма, относящиеся к этому периоду, не сохранились).

С появлением «С. В.» у нас естественно, завелись конспиративные дела, и понемногу конспирация была перенесена и на другие области партийной работы. Но эта конспирация была настолько слаба, что даже в конспиративной переписке с Заграничной Делегацией употреблялись собственные имена людей, легально живших в России. Первые номера «С. В.» были получены в единичных экземплярах, но в апреле мы получили сперва по 50 экземпляров номеров 1, 2 и 3, а затем уже по 100-150. Вопросы правильной организации сношений и транспорта требовали особого внимания и большой осторожности. Это было тем более трудно организовать, что этим делом вынуждены были заниматься люди, жившие легально, за которыми могла быть усиленная слежка.

После ухода из ЦК и из партии Трояновского и Ерманского, — о чем будет речь ниже, — в ЦК остались Югов, Юдин и Рубин плюс «советники»: Кац, Громан и Двинов («советники» пользовались всеми правами членов ЦК. Лишь в исключительных случаях, при наличии разногласий среди действительных членов ЦК, производилось голосование только среди членов ЦК партии). Распределение работ было таково: Югов был отдан на съедение в качестве официального представителя ЦК. На его долю выпадали все официальные переговоры с представителями власти, большей частью с Каменевым, подписывание официальных заявлений в ВЦИК или МСРД; Юдин был целиком занят Бундом; Рубин, профессор-экономист, как и Громан, предназначались для теоретических работ (Рубин в мае заболел и провел все лето в санатории). Кац работал в МК (летом тоже заболел, подвергся операции и пролежал в санатории), а на мою долю достались таким образом «Социалистический Вестник» и финансы.

Весьма важную у нас тогда функцию — сношения с тюрьмой — выполняли Л. О. Дан и Р. О. Левит. В тюрьме были десятки товарищей, были члены ЦК и, разумеется, было необходимо поддерживать с ними постоянную связь, информировать их и т. д. Это с успехом выполняли жены заключенных.

Сношения с З. Д. и получение «С. В.» были организованы таким образом, что никто даже из членов ЦК не был посвящен в технику этого дела. Только редко, когда я не хотел брать на себя решение острого вопроса, либо когда был вынужден обстоятельствами срочно прибегать к чьей-либо помощи, — я советовался с кем либо из членов ЦК.

Сперва имелся только один путь — № 1, которым мы могли пользоваться, но он был в весьма жалком положении, и им можно было пользоваться раз в 2 недели, да и то, как жаловался Рубин в своем письме Заграничной Делегации от 10 апреля, там «принимают лишь короткие письма».

Между тем нам надо было посылать не только письма, но и статьи и материалы для «С. В.». Первым делом, поэтому, я стал искать новых путей. И здесь сразу напал на удивительно удачный след. Тов. Ш. сообщил мне однажды, что его знакомый, некий П., передал ему, что готов оказывать содействие нам в деле «Соц. Вестника», а по своему положению он это может сделать. Наведя нужные справки о П. и получив о нем сведения также при помощи Заграничной Делегации, я решил с ним встретиться и просил Ш. направить его ко мне. В условленный час он пришел ко мне на службу, в мой служебный кабинет. Из краткой беседы я убедился, как в полном его понимании всей конспиративности и рискованности дела, так и в том, что он действительно может и хочет нам помочь. Этот путь № 2 очень долго нам служил аккуратнейшим образом, — пока П. не покинул Москвы, и хотя мы продолжали им пользоваться и после отъезда П., он уже перестал хорошо действовать.

Этим путем № 2 мы получали и отправляли почту Заграничной Делегации не реже одного, а иногда и двух раз в неделю. Им же шел главный транспорт «Социалистического Вестника». Но нам все же этого было недостаточно. Потребность в «С. В.» была очень велика, требования на журнал не удовлетворялись, и я начал искать добавочных путей. Спустя некоторое время, — это было уже глубокой осенью 1921 года, — наладился путь № 3. К сожалению, очень скоро путь № 1 испортился, и пришлось отказаться от него. Я не помню, чтобы все три пути действовали одновременно.

Хочу еще остановиться на технике нашей связи с Заграничной Делегацией и «С. В.», ибо если в течение двух лет моего руководства этим делом ни одного провала не было, то это объясняется только постановкой дела.

Дело было организовано таким образом: я передавал почту товарищу, а он другому, который уже непосредственно сносился со «связью». У нас было три пути, и каждый путь обслуживался отдельными товарищами, между собой не связанными. В определенные дни и часы в определенных местах встречаются те и иные люди, передают, получают и расходятся. Разумеется, момент передачи почты для отправки должен был совпадать с получением почты из-за границы, дабы не встречаться лишний раз и избежать лишнего риска. Это имело то неудобство, что ответить на полученное письмо можно было только через неделю, — но с этим приходилось мириться. Отношения между мной и товарищами, которые были непосредственно связаны со «связью», поддерживала тов. Лиза. Впоследствии ей уже приходилось нередко и самой обслуживать тот или иной путь. И я должен сказать, что т. Лиза умело, спокойно и аккуратно выполняла эту рискованную функцию.

Самым трудным делом был подбор людей. Нужны были люди незаметные, неизвестные, нескомпрометированные. Таких надо было искать среди молодых членов партии. Но беда была в том, что эти молодые люди совершенно не знали правил конспирации. У меня не было уверенности в том, что они не сробеют, не запутаются, не проговорятся на допросе в случае ареста и т. д. Под разными предлогами я наводил подробные справки, пока не останавливался на том или другом товарище. Я старался привлекать не одних членов партии, но просто верных людей, на которых можно положиться. Приходилось ставить условия: материал, полученный для отправки «туда» или «оттуда», не может оставаться на ночь на квартире товарища; товарищ этот должен прекратить посещение собраний и кружков и вообще поменьше общаться с членами партии, а накануне посещения «связи» не имеет права бывать ни у кого из членов партии на квартире. В случае же вопросов со стороны других товарищей он должен давать туманные объяснения, из коих было бы ясно, что товарищ испугался и «отошел». Он не только не должен кому-либо сообщать о своей функции, но и показывать «Соц. Вест.». Этого последнего условия не выполнила товарищ Ф., вообще долго и прекрасно исполнявшая роль звена на самом главном пути — № 2. Мне об этом сообщила Лиза, прибавив, что та «не слушается». Пришлось ее вызвать к себе, поговорить, объяснить ей всю важность соблюдения строжайшей конспирации. Дело в дальнейшем пошло гладко и хорошо.

36

Тов. Ф. была арестована **случайно** в июле 1922 г. ни в какой связи со своей работой.

По ряду причин людей однако приходилось менять, и это всегда было мучительно, особенно в 1922 году, когда и людей стало меньше, а перепугу больше, и многие уже отлынивали от этого почетного, но опасного обслуживания «связи».

Конечно, поскольку мы жили все легально, и партия, упираясь всеми силами, не опускалась еще в подполье, — полной конспирации быть не могло, и сейчас, вспоминая постановку дела, я вижу огромные прорехи в ней. Но, повидимому, для того времени мы все же были достаточно конспиративны, раз не провалились.

Были в нашей работе особенно рискованные моменты. До тех пор, пока «С. В.» получался в десятках экземпляров, — вынос его из квартиры был делом нетрудным. Но для выноса 200-300 экз. нужен был извозчик, пользование которым было бы абсолютным нарушением правил конспирации. Когда нужно было вынести большое количество номеров, я прибегал к услугам нашей молодежи — студента Г. или Л. Ланде. Им сообщалось, что случайно в одном месте оказался партийный архив, который надо вынести. Ночью наряженный солдатом с мешком за плечами, тот отправлялся в условленный час на квартиру передать письмо от какого-то родственника из Крыма. Получив конверт с аккуратно выписанным адресом, приглашали «солдатика» в комнату. Там мешок наполнялся «С. В.», и солдатик уходил со двора. Эта операция прекрасно сходила, и «связь» продолжала дальше работать.

В 1921 г., пока я был членом Моск. Совета Раб. Деп., я вынужден был «шуметь», т. е. выступать, хотя считал, что этого — при моем заведывании «связью» — делать не следует. Но после моего «разъяснения» мандатной комиссией, создалось положение, при котором как в большевистских кругах, так и в рядах нашей периферии, меня считали «отошедшим» от партийной работы.

Большевики были в этом настолько убеждены, что многие из них возмущались Чекой, прослышав, что меня собираются арестовать. Да и Чека вплоть до 3-го июля 1922 г. не подозревала, что я активно работаю в партии. Большевики привыкли видеть меня в МСРД., а тут перевыборы Совета, а моя кандидатура партией нигде даже не выставляется. Стало быть, «отошел».

Нужно еще остановиться на вопросе распространения «С. В.». Когда «С. В.» получался в сотнях экземпляров, его было легко распределить, удовлетворив почти всех. Но как трудно было его распределить, когда получались немногие десятки номеров, которые, конечно, никак не могли удовлетворить потребности в нем. Заявки были со стороны ЦК, МК, Бунда, молодежи, Главкома Украины, сидельцев всех тюрем. После этого уже шли организации «второго сорта» или отдельные кружки. В результате редкий дележ обходился без протестов. Помню, как И. Г. Рашковский ратовал от имени МК и, козыряя Замоскворецким районом, внушительно требовал ответа: «Для рабочих или для интеллигенции издается «С. В.»? ЦК поддавался «террору» и выкраивал Замоскворечью еще два экземпляра. Кто-то предложил установить некий принцип дележа, определив процентную квоту каждого претендента. Претензий было бесконечно, но, наконец, как-то определили в цифрах «влияние» и «место» каждой организации в партии. Но как быть, когда очередной номер «С. В.» получался в нескольких единичных экземплярах? Мы решили было скрыть факт получения «С. В.» за пределами ЦК. Но сделать это было очень трудно, так как за получением «С. В.» ревниво следила наша «клиентура», и «надуть» ее было нелегко . . .

«Социалистический Вестник» брался в руки с благоговением, страницы его любовно гладили, восхищенным взором еще и еще раз перечитывались статьи от доски до доски. Зачитывался он буквально до дыр. Большевики просили, нельзя ли им достать «Социалистический Вестник». «Социалистический Вестник» организовывал, будил мысль, давал поддержку, вселял надежду, — словом, объединял в это ужасное время партию, и значение его было неизмеримо велико. Кажется, никогда не забыть мне тех минут, когда я ждал появления Лизы с условным жестом: «есть» или «нет» «Социалистического Вестника». Но вот, наконец, в руках свежий номер, который я получал первый. Это была моя единственная привилегия!

Совершенно по разному было отношение наше и редакции «Социалистического Вестника» к письмам и корреспонденциям из России. Мы считали, что «Социалистический Вестник» выходит для нас, для России, и склонны были считать полезным, кроме статей, почти только заграничную информацию, хронику западно-европейского рабочего движения. По получении номера «Социалистического Вестника», мы не переставали напоминать редакции, что нам необходимо освещение западного рабочего и социалистического движения. Но маловажным материалом мы считали наши корреспонденции, особенно в той части, в которой нет разоблачения террора или которая не имеет чисто партийного значения. Мы писали Заграничной Делегации письма и старались возможно полнее информировать товарищей о том, что происходит в России, в ее экономике, политике и общественности, дабы они не оторвались от России, не теряли верной перспективы и т. д., но вовсе не предназначали ее для «Социалистического Вестника». Каково же было мое и И. И. Рубина удивление, когда мы находили в журнале более или менее значительные отрывки из наших писем. Мне это казалось сперва даже странным: зачем они печатают то, что я второпях, урывками, нелитературно, пишу для их сведения? Зачем это нужно печатать в «Социалистическом Вестнике»? Ведь здесь это все равно известно! А редакция «Социалистического Вестника» выуживала каждую строчку о внутреннем хозяйственном и политическом положении страны из наших писем и помещала в журнале. Рубин однажды в письме даже взмолился: «Да хоть исправляйте кое-что!» Но Заграничной Делегации и редакции «Социалистического Вестника» была важна другая сторона работы органа, — его обслуживание заграничного общественного мнения, — а для этого необходима была русская информация, и редакция обсасывала каждое наше письмо. Из разного подхода к журналу и вытекал характер нашей переписки. Заграничная Делегация в лице «почтмейстера» Д. Далина упорно убеждала ЦК, что ей необходимо получать от нас письма и корреспонденции (потому, вероятно, и пытались соблазнить нас 40 марками за статью), без которых они, — «как без воздуха», а в ответ мы писали, что мы без их писем (как и без «С. В.») «жить не можем». И каждой из сторон казалось, что другая ее не понимает.

Справедливость требует признать, что мы из России все же полнее информировали Заграничную Делегацию, нежели последняя нас.

***

В марте 1921 г. наша партия переживала целый ряд событий. Не говоря о рабочих волнениях, вызвавших известное оживление в партии, не говоря о Кронштадте, о провозглашении нэпа и т. д., закрытие нашего клуба «Вперед» в конце февраля, массовые аресты по всей России и в то же время рост нашего влияния в рабочей среде, ярко проявившийся на ряде рабочих конференций в Москве и Петрограде, — все это создало у нас нервный подъем. В это же время появился «Социалистический Вестник», потребовавший особых забот. А сил у партии было очень мало, большинство сидело в тюрьмах и в ссылке.

В этот момент ЦК вдруг получил заявление от А. А. Трояновского об его уходе из партии. Сам по себе уход Трояновского уже был большим ударом, в особенности из-за своей неожиданности, но его мотивировка была совершенно невероятна по цинизму и непристойности. Трояновский — бывший большевик — был в нашем меньшевистском ЦК на к р а й н е й п р а в о й, — всегда доказывал, — что большевики — паразиты на теле рабочего класса, говорил, что большевики эксплуатируют рабочих, получают прибавочную стоимость и ничем не отличаются от обыкновенных эксплуататоров. Отсюда, конечно, следовали выводы тактического свойства. Однако к вооруженному восстанию и к идее свержения власти Трояновский относился отрицательно, требуя лишь обострения борьбы с «большевистской бандой» и стоял за стачечную борьбу.

Как я уже упоминал, Трояновский, как и Юдин и я, не был согласен с резолюцией ЦК о кронштадтских событиях. Он возражал против отрицательного отношения ЦК к забастовкам и боевым действиям. После этого он внезапно подал заявление, в котором туманно и неясно на что-то намекал, делая вид, что критикует партию слева. Все его заявление было написано двусмысленно и позволяло непосвященным думать, что он уходит налево. ЦК решил поэтому зафиксировать в протоколе сущность своих с Трояновским разногласий и копию послать ему. Трояновский принял, расписался в получении — и смолчал. Трудно было без чувства брезгливости смотреть на этого человека, когда спустя месяц он, только что говоривший о «большевистской банде», уже славославил 3-ий Интернационал. Между прочим, мне передавали, что Трояновский объяснил характер своего заявления тем, что он из конспиративных побуждений не желал писать определенно, в чем состоят его разногласия с ЦК, дабы Чека (в случае провала его заявления) не поняла их подлинную сущность. Мартов писал нам о нем: «Значит, сильно я ошибался в этом человеке», — и прибавил крепкое слово.

Трояновский ушел. Нас стало меньше.

А тут как раз в начале апреля распространились слухи, что скоро будут перевыборы в Московский Совет. Надо было к ним готовиться.

Пришлось с быстротой взяться за это дело. И словно нарочно, улучив «подходящий» момент, — нам нанес удар еще один член ЦК — О. А. Ерманский, прислав заявление, что он «временно отходит» от работы в партии, но надеется со временем еще быть «в первых рядах» ее. Ерманский был в ЦК на крайней левой, и его выступления, на меня по крайней мере, всегда производили весьма неприятное впечатление, — словно этот человек не потому левый, что так думает, а так говорит, потому что левый. Этот маленький человек имел колоссальное честолюбие и самомнение, имел претензии «заменить» в ЦК Мартова, но так как на Ю. О. Мартова он не походил никак, и никаким авторитетом в ЦК не пользовался, то честолюбие его никак не могло быть удовлетворено. И вот в разгар избирательной работы, в разгар репрессий, Ерманский счел возможным «временно отойти», временно ... до приезда Мартова, ибо как он писал, у него без Мартова нет соответствующей компании в ЦК. Заявление возмутило нас всех до глубины души. Никаких разногласий, никаких принципиальных объяснений, и член ЦК считает себя вправе бросить партию в такой момент, когда наступают самые тяжелые времена. Это было предательство, и по нашей единогласной оценке, результат трусости. Разумеется, Ерманский скоро легализовался и стал «профессором», даже «академиком».

И этот человек еще жаловался на несправедливое наше к нему отношение, — когда в сентябре, перед своей командировкой (в качестве профессора) за границу, ЦК и Л. О. Дан отказались воспользоваться его услугами для передачи ... поручений Заграничной Делегации.

В это время стал на очередь вопрос о выборах в Московский Совет. Часть большевиков очень боялась этих выборов, чувствуя отрицательное к себе отношение рабочих. Другая часть настаивала, наоборот, на назначении немедленных выборов, считая, что без выборов все равно не обойтись, а чем позже, — тем может быть хуже для них.

Об этой дискуссии мы знали от Югова, встречавшегося по своему служебному положению и в целях информации с большевистскими нотаблями: Каменевым, Роговым, Зеленским.

Наконец, в середине апреля большевики решили вопрос о выборах положительно, и немедленно назначили выборы, рассчитывая захватить нас врасплох. Но мы все же успели подготовиться. Подготовили наказ (кажется, писал его Рубин), листовку — «Мы» и «они»*), подводившую итоги большевистскому банкротству за 4 года, — наметили кандидатов, распределили по районам, и когда Президиум Московского Совета объявил о выборах, мы были на посту. Разумеется, мы не обольщались надеждой, что в таких условиях сможем тягаться с большевиками, вооруженными газетами, листовками, автомобилями, телефонами, сотнями агитаторов, Чекой и казной. Мы не гнались за количеством мандатов, — мы хотели использовать главным образом избирательные трибуны. Поэтому мы выставили много товарищей, сидевших в тюрьмах, — в частности, кандидатуру Ф. И. Дана. Это была демонстрация, и я могу засвидетельствовать, как агитатор, участвовавший в десятках избирательных собраний, что рабочая масса прекрасно поняла нашу демонстрацию.

Настроение рабочих было по отношению к нэпо-большевикам явно враждебное, презрительное, как к людям, предавшим собственное знамя, — как к политическим банкротам. В свободных условиях избирательной борьбы мы бы пользовались огромным успехом. Нас всюду встречали с сочувствием. Главными нашими центрами были предприятия химиков, печатников и служащих.

В данной избирательной кампании однако мы столкнулись с новым явлением: с весьма активным участием беспартийных, которые организовались по предприятиям.

Большевиков это обеспокоило, и они попытались подхватить это движение беспартийных; они начали выставлять свои, смешанные с беспартийными, списки кандидатов, а иногда даже снимали своих партийцев и поддерживали кандидатуры «честных беспартийных», или «беспартийных стоящих на советской платформе», — как их тогда называли. Рабочие хорошо разбирались в этих плутнях. Если память мне не изменяет, на выборах 1921 года в Московский Совет прошло на 1400 депутатов около 500 беспартийных, которые объединились в особую фракцию.

Председатель Совета Л. Каменев устроил собрание беспартийных депутатов до первого заседания Совета и попытался их воз-

---

*) См. «Приложение» № 1.

главить. Но беспартийные прежде всего попросили покинуть залу заседания всех партийных и даже подозрительных по партийности (со скандалом был удален большевик Овсяников, повидимому, выдававший себя за «честного беспартийного»). Для настроения беспартийных характерен следующий факт. Один из участников заседания, рабочий, попросил разрешения остаться, так как он — бывший большевик, однако покинувший ряды большевистской партии. Его заявление было встречено аплодисментами и криками: молодец! Когда же вслед за этим такое же заявление сделал Трояновский, заявив, что он бывший меньшевик, — поднялись крики: «Нам таких не надо. Бросил свою партию? Завтра будешь у коммунистов!»

Рабочие прекрасно понимали разницу между уходом от большевиков и от меньшевиков ...

Кстати, о Трояновском. Пользуясь своими старыми меньшевистскими связями среди печатников, Трояновский получил в какой-то типографии мандат в Московский Совет и попытался стать во главе фракции беспартийных. Он выпустил свою «платформу», в которой и обнаружился его поворот на 180 градусов. В этой «платформе» Трояновский доказывал необходимость отказа от всеобщего избирательного права, «как реакционного требования, закабаляющего пролетариат крестьянству» и высказался за международное объединение пролетариата вокруг III Интернационала. Карьера его была сделана, но не в Совете, а в стенах РКИ (Рабоче-Крестьянской Инспекции), где он вскоре получил видную бюрократическую должность.

И еще об одном ренегате.

В середине апреля в Москву приехал из Сибири бывший член Главного Комитета нашей партии на Украине — Никольский. Мы все очень обрадовались, когда он заявил о желании принять активное участие в работе. Настроен он был несколько правее официальной линии партии. Он сделал в ЦК сообщение о положении в Сибири и на Украине, сообщил, что в Тюмени неизбежно восстание крестьян и поставил вопрос о нашем отношении к восстанию. Но Тюмень была далеко, восстание — гадательно, а в Москве шла избирательная кампания. Мы немедленно втянули его в это дело, провели в Совет и втайне мечтали сделать его лидером нашей фракции. Для этого было много оснований: представительный, недурной оратор, импонирующий рабочей манерой говорить, и свежий человек, которого еще в Москве не знали.

Я вместе с ним провел не один избирательный митинг, где он публично выступал с критикой большевиков и был настроен значительно правее меня.

В день 1-го мая мы также вместе выступали, Никольский снова весьма радикально. Он прошел от нас в Совет. По традиции первое заседание Московского Совета было торжественным; обычно выступал Ленин, так как Московский Совет давал тон всей федерации. Совет собирался в Большом театре, вместе с районными Советами, ВЦИК, ВЦСПС, МГСПС, правлениями профсоюзов и фабзавкомами. В общем 4-5 тысяч народа. Театр был переполнен.

Мы предложили Никольскому выступить с нашей партийной декларацией. Никольский отказался, ссылаясь на то, что он «не в состоянии выступать перед этим зверинцем». Мы настаивали, доказывали, насколько это необходимо сделать ему, — наконец, обязали его выступить в порядке партийной дисциплины. Кончилось это тем, что на заседание Совета он вовсе не явился, затем скрылся от нас вообще, а спустя несколько дней, приблизительно в 20-х числах мая, мы прочли в «Правде» заявление четырех екатеринославских металлистов — меньшевиков во главе с Никольским о выходе их из партии, которая «уже давно перестала быть рабочей» и т. д. и о переходе их в РКП. Было омерзительно. Большевики не погнушались этим предателем, — перебежчиком. еще две недели тому назад публично выступавшим от имени нашей партии.

Он был принят в ВКП, проведен в правление Всероссийского союза металлистов и командирован на Международный съезд металлистов . . .

***

В начале избирательной кампании ЦК заявил в Исполком Московского Совета протест против того, что выборы производятся тогда, когда все наши товарищи сидят в тюрьме. Разумеется, мы знали, что это безполезно, но мы хотели заранее дискредитировать эти выборы (см. «Социалистический Вестник» № 7). Заключенные также подали протест в Исполком Совета и копию отправили (через Наркоминдел) Фридриху Адлеру, требуя своего освобождения из тюрьмы для участия в выборах (см. «Социалистический Вестник» № 9). Подписано оно было находившимися в тюрьме семью депутатами Московского Совета, во главе с членами ЦК Ежовым и Череваниным. Разумеется, эффекта никакого. Югов, со слов Зеленского, сообщил нам, что меньшевиков не выпускают именно из-за выборов, но после окончания выборов немедленно всех освободят. Зеленского, секретаря Моск. Ком. РКП, мы считали относительно приличным человеком. Мы с нетерпением ждали конца избирательной комедии, чтобы дождаться выхода наших товарищей на волю. Как же мы были потрясены, когда 26-го апреля, на завтра по окончании выборов, мы узнали о том, что ночью произошло избиение заключенных в Бутырской тюрьме и насильственный развоз социалистов и анархистов. Все это было подробно описано в № 9 «Социалистического Вестника».

Избиение и развоз поразили нас как гром с ясного неба. Стало ясно, что всякие надежды на либерализм кончены, что большевики решили репрессии усилить. Между прочим, Чека жаловалась, что она была «спровоцирована» Мещеряковым на эти репресии. Мещеряков незадолго до того напечатал статью в «Правде» о «санаторном режиме» в советских тюрьмах, и о «свободе», царящей в Бутырках. Чека и ответила на эти статьи. Так как из Бутырок вывезли свыше 300 заключенных, то буквально до тысячи родственников осадили Политический Красный Крест и также Чеку с требованием сведений. Город был полон всяких слухов, так как Чека не давала справок и, как потом оказалось, сама не знала, где кто находится.

Как только стало известно в какие тюрьмы были вывезены

45

заключенные, туда немедленно выехали родственники и представители Политического Красного Креста. Связались и мы с вывезенными, получили от них сведения и материалы, восстановили картину избиения и развоза и переслали весь материал в «Соц. Вестник». Кроме того я по поручению ЦК написал коротенькое воззвание-протест, изданный 7-го мая. Распространено воззвание было широко Московским Комитетом и молодежью. Кроме того мы послали ряд протестов по разным инстанциям в полицию, милицию и юстицию, — во ВЦИК, в Президиум Московского Совета, генерал-прокурору и т. д. Писал я их на службе, печатала их на машинке моя сотрудница. Подписывались они Юговым и им же отправлялись по назначению.

На первом заседании Московского Совета наша фракция внесла запрос об избиениях и добилась назначения комиссии. Комиссия состояла только из большевиков. Наша фракция в Московском Совете была немногочисленна — всего 18 депутатов, — но тем интереснее, что во все время нашего пребывания в Совете мы являлись центром, вокруг которого вращалась жизнь Совета. Это признавали и большевики, и это можно восстановить по стенографическим отчетам заседаний Московского Совета.

Первое заседание Совета происходило в Большом театре. Ленина не было. Но на многолюдном заседании Совета присутствовало до 2000 беспартийных (членов Московского Совета, районных Советов, фабзавкомов и т. д.). Неудивительно, что председательствующий Каменев был очень либерален. Он заметно приспособлялся к беспартийным и всячески гладил их по шерсти. Эту ситуацию мы использовали в своих интересах. Гонигберг в заявлении от нашей фракции охарактеризовал ту систему обмана и безобразий, посредством которых большевики добыли большинство на выборах. Затем взял слово Терехов (рабочий-химик), рассказал о бутырских избиениях и потребовал расследования.

Каменев разыграл оскорбленную невинность, а Радек заявил, что это обвинение неслыханно и талантливо изобразил возмущение, словно он впервые слышит об этом деле. Комиссия для расследования была назначена, но наше скромное требование включить в нее хотя бы одного беспартийного было отвергнуто большевиками.

С докладом выступил Красин, но большевики прений по нем не допустили, и только по докладу о продовольственном положении наркомпрода Свидерского развернулись прения. По решению нашей фракции я взял слово. Едва я взошел на трибуну и начал говорить, как по насторожившейся огромной аудитории почувствовал, что будут слушать, и что Каменев не осмелится, оглядываясь на беспартийных, оборвать меня, и вместо 10 минут по регламенту, я говорил целый час, и в своей речи изложил всю нашу платформу, отстаивая наше основное требование экономического и политического соглашения с крестьянством. В Московском Совете, где меньшевикам обычно приходилось выступать под звериный рев, — часовая речь была явлением неслыханным. Речь вызвала аплодисменты многолюдной аудитории, и слух о ней пошел по всей Москве, если судить по числу телефонных звонков и откликов при встречах.

Внесенная нами резолюция была отвергнута, но за нее все же голосовало несколько сот депутатов. Мы завоевали на свою сторону беспартийных. Большевики почувствовали, что их игра с беспартийными была проиграна.

Я останавливаюсь на этом пункте и на этом своем выступлении потому, что считаю из многочисленных своих других речей в Совете — это свое выступление единственно значительным, давшим определенный политический результат. «Социалистический Вестник» именно этого не почувствовал, и, находясь за пределами России, этого не уловил, а придал значение моему выступлению на другом заседании, где я ратовал за депутатскую неприкосновенность и добился соответствующего постановления. «Социалистический Вестник» посвятил этому статью в № 10 — «Моральная победа», меж тем, по моему убеждению, та политическая победа, которая была нами одержана на первом заседании Совета, была неизмеримо важнее этой «моральной победы».

Именно на первом, а не втором заседании Совета была нами действительно одержана победа. Мы выиграли душу и разум беспартийных. Когда большевики увидели, что их ставка на беспартийных бита, то разумеется, объявили всех «честных беспартийных»... «скрытыми меньшевиками». Если бы это было так, если бы сотни депутатов-беспартийных действительно были меньшевиками, то мы бы были, конечно, очень счастливы. К сожалению, этого не было. Но сущность была в том, «что подлинные беспартийные заговорили языком меньшевиков», как писал «Соц. Вест.» в своей передовой № 8 — «Продолжайте»!

Когда выяснилось подлинное настроение беспартийных депутатов, большевики сильно обозлились и отказали беспартийным в праве иметь в Исполкоме и Президиуме своих представителей по пропорциональной системе. Правда, они включили в Исполком 17 беспартийных, но по собственному назначению, — это были, конечно, скрытые большевики. Беспартийные бурно протестовали, но из их протеста ничего не вышло.

Беспартийные скоро на собственном опыте убедились, что в Совете имеются две борющиеся стороны: большевики и меньшевики. Когда на втором заседании нами была одержана та «моральная победа», которую отметил «Соц. Вест.», — и мы добились постановления, что член Совета может быть арестован лишь с согласия Президиума и с утверждения Пленума, Каменев смошенничал, изменив постановление и вместо «с согласия» — поставил «с ведома», т. е. президиуму сообщалось об аресте пост-фактум, — то беспартийные окончательно закрепили свои симпатии за нами, как их защитниками.

Между прочим эта «хартия» о депутатской неприкосновенности была только один раз применена на деле. Ровно через год, в апреле 1922 года были арестованы члены Московского Совета, наши товарищи Девяткин и Гонигберг. Президиум санкционировал этот арест, о чем на заседании 25 апреля 1922 года и доложил пленуму. Пленум поверил на слово и **без прений**, по предложению Каменева, санкционировал этот арест двух членов Совета. Такова была на практике «неприкосновенность» депутата и так выглядела наша «моральная победа», после которой, кстати сказать, меня президиум возненавидел и после 3-го или 4-го заседания, на котором я опять выступал, исключил меня из Совета, прибегнув к услугам «мандатной комиссии», хотя мой мандат был уже давно утвержден, и я имел членский билет.

А два заседания спустя и роман с беспартийными окончательно кончился, и они подвергались обычным, как и все прочие инакомыслящие и несогласные граждане, репрессиям.

* * *

Настроение беспартийных в Московском Совете, в сущности, явилось продолжением того же настроения, которое было у кронштадтских матросов в начале марта.

Кронштадтские матросы были спровоцированы на восстание большевистскими комиссарами; они вовсе не были сторонниками вооруженного свержения большевистской власти и были вполне мирно настроены. Московские и петроградские рабочие были настроены так же, но, как и кронштадтцы, пустили бы в ход для защиты своих прав оружие, если бы оно у них было. Провал романа с «честными беспартийными» в Москве повторился у большевиков и в Петрограде, когда они созвали конференцию беспартийных. На эту конференцию проникло и несколько с.-д., которые заявили, что они не могут развить всей нашей платформы, но что это мог бы сделать Ф. И. Дан, который сидит сейчас здесь в тюрьме. Поднялся шум: «Подайте Дана»! Конференция, которой руководил Зиновьев, закончилась неприятной для большевиков компромиссной резолюцией. От имени Петроградского Комитета нашей партии были внесены две резолюции — общая и по поводу кронштадтских событий (см. «С. В.» № 9).

Недовольство рабочих масс проявилось повсюду, и на перевыборах Советов, на конференциях беспартийных и на профсоюзных конференциях: в Москве — у химиков и коммунальников; в Витебске — у металлистов и печатников; в Гомеле — на общесоюзной конференции; в Вологде — на общесоюзной конференции прошла резолюция меньшевиков, внесенная А. Дроздовым, большинством 137 против 96 голосов; в Екатеринославе с.-д. оказались в большинстве в правлениях союзов пищевиков, металлистов и печатников; там же на конференции беспартийных подавляющее число делегатов от рабочих и служащих шло за с.-д., лишь красноармейцы спасли большевиков от поражения. Настроение на Урале, в Туле, в Сормове и Донбассе — оппозиционное.

О настроении в среде крестьянства говорить нечего. Хотя уже был опубликован декрет о продналоге, но пока еще орудовали продотряды, заградительные отряды и т. д., с которыми крестья-не боролись «домашними средствами» — террором. Восстания крестьян не прекращались, транспорт был совершенно парализо-ван. Для того, чтобы продвинуть в голодную Москву несколько вагонов хлеба, Московский Совет выделил «экспедиции» из де-сятков членов Совета.

Выход из трагического положения состоял в отступлении по всей линии военного коммунизма, который был, подобно ненуж-ной рухляди, выброшен за борт. Был объявлен нэп. Но чтобы сгладить это отступление и одновременно устрашить массы, ко-торые увидели, что можно заставить пойти на уступки «самого Ленина», — большевики решили взять реванш в области поли-тики. Была дана инструкция ВЧК: при нэпе продолжать и да-же усилить аресты социалистов. Посыпался град репрессий на рабочих вообще и на нашу партию в особенности. Были разгром-лены все небольшевистские профессиональные союзы, разогнаны и арестованы правления. Новая волна арестов прокатилась по всем нашим организациям в Москве, Петрограде, Харькове, Сева-стополе, Омске и т. д. Во время этой весенней свистопляски 1921 г. погибли в тюрьмах от тифа: в Витебске — Б. Батурский, в Пол-таве — с.-д. Ляхович, зять В. Короленки; в Киеве — В. Е. Орел; в Кременчуге — Славутский. К этим жертвам вскоре прибави-лись — Астров на этапе в Самаре, Александров в Москве, Тучап-ский в Одессе, в Киеве — С. Дижур.

Дошло до того, что в Москве 20-го мая ВЧК сделала набег на помещение Политического Красного Креста, арестовала всех чле-нов Совета Креста, «партийных жен и сестер» и т. д. Режим в тюрьмах стал много хуже прежнего. В Орловском Централе, во Владимирской тюрьме начались протесты заключенных. Около 100 заключенных в Орловском Централе объявили голодовку, ко-торая длилась 8 суток и была проиграна. В Москве в Лефортово, куда были переведены из Бутырской тюрьмы члены ЦК — Ежов, Николаевский, Плесков, тоже была объявлена голодовка с тре-бованием суда или освобождения, закончившаяся однако ком-промиссом: на пятый день голодовки им были разрешены свида-ния, получение книг и газет. Режим всюду был очень суровый. Часто часовые стреляли в окна. Все эти безобразные факты пе-редавались нами немедленно за границу, и «Социалистический Вестник» о них широко оповещал читателей.

Одновременно мы подали протесты во ВЦИК и копии этих протестов распространили по Москве.

Откликнулась на наши призывы прежде всего молодежь-сту-денчество. В Москве в высших учебных заведениях произошли волнения по поводу бутырских избиений.

50

Начались митинги с резкими резолюциями. Власть ответила арестами ораторов-студентов. По поводу этих арестов собирались новые митинги, а 8-го июня наркомпрос Луначарский издал приказ о закрытии высших учебных заведений. Одновременно иногородным студентам было приказано выехать в течение нескольких дней из Москвы. Чека принялась также за массовые аресты студентов. Пресс диктатуры завинчивался все туже.

И «монолитная» правящая партия начала давать трещины, обнаружились разногласия в толковании нэпа, в понимании задач пролетариата и профсоюзов при нэпе и т. д. Часть «дурачков» искренно разочаровалась в коммунизме, другая часть из числа присосавшихся к народному хозяйству комиссаров цинично проявила свои бонапартистские инстинкты. Начался сильный нажим на рабочих, и профсоюзы поневоле ощетинились. «Рабочая оппозиция», руководимая Шляпниковым и Коллонтай, осмелела и начала давить на ЦК. Профессионалисты Томский и Рязанов взбунтовались против ЦК и на фракции большевиков Всероссийского съезда профсоюзов провалили резолюцию ЦК и провели свою, с требованием независимости профсоюзов от государственной власти.

Из-за борьбы и дрязг среди коммунистов задержалось открытие съезда профсоюзов. В большевистской фракции съезда шла драка. Дважды приезжал Ленин для укрощения строптивых — Томского и Рязанова, которых в конце концов убрали со съезда. После этого ЦК РКП наконец «приветствовал» съезд. От нашей фракции выступал с приветствием Р. Штульман, деятель союза химиков. На 2-3 тысячи делегатов нас было всего 8 человек, тем не менее мы очень активно выступали на съезде, вносили резолюции по основным докладам и пр.

Дезорганизация большевиков проявилась и на съезде ВСНХ, где Рыков, повторяя призывы Петра Струве 90-х годов, вопил: «пойдем на выучку к капитализму» от имени своей партии. В РКП, помимо «рабочей опозиции», начали появляться новые группировки. Главным требованием всех фракций коммунизма было — демократизация партии и свобода слова для всех на партийных собраниях. Никакой свободы, конечно, допущено не было. На почве полного разочарования ряды коммунистической партии стали покидать и рабочие, и интеллигенты, и в Москве, и в особенности в Петрограде.

Продовольственное положение в стране, несмотря на объявленный нэп, продолжало оставаться катастрофическим. Настроение в рядах правящей партии было подавленным и тревожным.

✻✻✻

Несмотря на продолжающиеся репрессии, у нас на воле ощущалась бодрость, царило даже оживление. Крах «военного коммунизма», объявление нэпа, экономические уступки, особенно в отношении крестьянства, на которых мы настаивали, воспринимались нами, как наша победа. Не только меньшевики, но очень многие большевики высказывали тогда уверенность, что «оговорка» Ленина в своей брошюре насчет меньшевиков, — что их надо «бережно держать в тюрьме», — явное недоразумение и что вслед за экономическим «отступлением» неизбежно последуют и политические. Морально мы чувствовали себя сильнее большевиков, — последним приходилось обороняться от нас. Так было на выборах в Советы, в разнообразных по обстановке и условиях местах, которые свидетельствовали о несомненной симпатии к нашей партии. От наших организаций ЦК тоже получал оптимистические вести. Так, Главный Комитет Украины сообщал из Харькова: «Организации почти повсюду после разгрома восстановлены. В Киеве, Одессе, Екатеринославе, Таганроге, вновь функционируют клубы. Главный Комитет выпустил 4 воззвания: о Кронштадте, о нэпе, об арестах и к 1-му мая». Вместе с тем мы знали, что харьковский изолятор переполнен . . .

В Киеве и после арестов «систематически выпускались листовки, причем техника печатания, несмотря на все репрессии, улучшается. Есть надежда еще на дальнейшее улучшение» . . . писал Д. Чижевский («Соц. Вестник», № 11). Он же писал в своем обзоре, что в «провинции аресты достигли результатов прямо противоположных тем, которые Чека ожидала. Пробудился партийный патриотизм, восстановились благодаря высылкам связи, работа ожила» («С. В.», там же). И у нас в Москве ощущались результаты моральной и политической спайки членов партии. Даже люди, которые были уже накануне ухода из партии, а то и ушли из нее, возвратились в партию, и я не знаю в этот период случаев **честного** ухода из партии после арестов весны 1921 г. (о ренегатах не говорю).

В Москву приехал ряд представителей: из Баку, Тифлиса, (Независимая с.-д. рабочая партия), Иркутска, Омска, Екатеринослава, Смоленска, Николаева, Севастополя, Киева, Донбасса и т. д. Требования на «Соц. Вестник» возрастали. Одесская организация ликвидировала свой конфликт с ЦК, объявила, что будет проводить партийную линию и подчинится партийной дисциплине, — в связи с чем бывший член ЦК, Астров, заявил о своем возвращении в партию.

Разлагающее влияние таких уходов из партии, как дезертирство Трояновского и Ерманского, было легко «локализовано», и поднявшиеся было одинокие голоса, что, мол, не лучше ли переждать и «временно ликвидировать партию» смолкли.

Идейное и даже организационное оживление партии не могло, конечно, не сказаться на сношениях ЦК с Заграничной Делегацией и «Социалистическим Вестником». Материалы, которые ЦК посылал Заграничной Делегации, видимо, все больше ее интересовали, и «Соц. Вест.» поощрял нас к писанию обзоров и статей, искушая нас гонорарами. Как автор большого числа корреспонденций, я должен констатировать, что редакция меня «надула», и ни одной марки я не получил. Упоминаю об этом потому, что Заграничная Делегация к тому времени, несмотря на нашу постоянную связь, не отдавала себе отчета в реальной обстановке, в которой нам приходилось действовать. Помню, как курьез, — в одном из писем из-за границы Евы Л. Бройдо запрос такого рода: «как идет работа партии среди женщин?» Вопрос этот вызвал у нас общий смех. Как будто может существовать «женотдел» при тех условиях, в которых прозябает наша организация.

Заграничная Делегация, хотя и хорошо знала о разгромах партии Чекой но она так же хорошо знала об идейном банкротстве большевиков, в начале нэпа, как и о нашей бодрости, и делала из всего этого неоправданно-оптимистические выводы. Это настроение, между прочим, сказалось на передовой № 8 «Соц. Вест.», которая явно переоценивала наши силы и возможности, и которой мы остались недовольны.

В своем письме от 9 июня Двинов писал: «№ 8 меня (кажется, не только меня, но и других) не удовлетворил: слишком победный тон передовой, без достаточных к тому оснований, — вселяет опасение, не искажена ли у вас перспектива?»

Нас теперь была только горсточка на воле. Впоследствии нас осталось еще меньше. Весной и летом 1921 года мы на части разрывались, чтобы всюду поспеть. Наши товарищи сидели в тюрьмах и числились за «самим Политбюро» (как объявили родным арестованных в Чека). В Политбюро шла свалка Ленина с «либералами»: за или против террора по отношению к социалистам, и победа, разумеется, осталась за Лениным.

Члены ЦК — Ежов, Николаевский, Плесков были в середине июня переведены в Особый Отдел ВЧК, в т. н. «внутреннюю тюрьму», где царил режим Шлиссельбурга. Передача туда не принималась, паек был голодный. Не допускали свиданий, книг, газет и т. д. В результате наши цекисты опять объявили голодовку, требуя восстановления нормального тюремного режима. Среди заключенных началась цынга. Узнав о голодовке, мы прибегли к мобилизации «общественного мнения» среди большевистских либеральничающих нотаблей — Рязанов, Лежава и др. с одной стороны, а с другой — подали в Президиум ВЦИК очередной протест (он публикован в № 11 «Соц. Вестника»).

Помог ли протест — сомнительно, но возможно, помогла голодовка, наши цекисты были вновь водворены в Бутырки, откуда их два месяца назад насильно вывезли.

Протест этот во ВЦИК по поручению ЦК написал я и должен был копию его срочно отправить в «Соц. Вестник», где он и появился в № 11. Но во ВЦИК я его не послал, а передал Югову на подпись и для отправки во ВЦИК. Югов получил это заявление и, посоветовавшись с Юдиным, вычеркнул из текста «страшные слова»: «бескровно», «зверски», «подло» и т. д. и отправил документ по назначению в этом виде. Каково же было их удивление, когда в «Соц. Вестнике» протест появился со всеми сакраментальными словами и под заголовком «Бескровно»! Хорошо, что большевикам не пришло в голову сравнить оба текста. Нужно отметить, что и после всего происшедшего многие из товарищей все еще старались избегать в сношениях с большевиками крепких и непарламентарных слов. С. О. Ежов напр., обратился 27-го июня из одиночной камеры Бутырской тюрьмы в ЦК РКП не с протестом против тюремного режима, а с увещанием, с какой-то попыткой пристыдить . . .

В это время в недрах Политбюро и ВЧК разрабатывался проект административной ссылки. Когда об этом сообщили, — нам не верилось: неужели возобновят прежнюю ссылку в Сибирь? Нас не столько испугало возобновление института ссылки, (чем ссылка хуже тюрьмы?) — сколько общее усиление террора и сознание, что никаких надежд на освобождение в близком будущем нет, и что нет надежд на восстановление нашей партийной организации.

Естественно, что, опасаясь предстоящих новых репрессий, мы в письме к Заграничной Делегации от 18-го июня подняли вопрос о реорганизации ЦК, так как «события могут грянуть каждый день». . . Дела большевиков были плохи: перевод на рельсы хозрасчета железных дорог и предприятий внес хаос, и появились зловещие признаки грядущего голода. Развал РКП продолжался.

54

Из недр правящей партии выделилась «на платформе октября» новая «рабоче-крестьянская социалистическая партия», с «лидером» бывшим матросом Панюшкиным. Это был один из большевистских головорезов, прославившийся расстрелом в Петрограде 7 студентов за то, что при обыске у них были найдены офицерские погоны. Панюшкин открыл клуб, выбросил лозунг: «Власть советам, но не партиям», приступил к изданию своего органа и собрал митинг, на который валом повалили большевики. Власть спохватилась, и Чека быстро ликвидировала эту «партию», переселив Панюшкина с его приближенными в Бутырки, где они «одумались» и «раскаялись».

В оффициальной прессе большевики уже давно, еще до 1921 года, объявили, что с.-д. партия умерла и похоронена. Насколько они сами верили в это, можно видеть из следующего случая. В Петрограде к 1 мая были разбросаны листки «группой соц. демократов» (нечто вроде «заристов»), призывавшей к вооруженному восстанию, к Учредительному Собранию и т. д. Листки были изданы под фирмой РСДРП. Для того, чтобы отмежеваться от этих листков с их призывами, ЦК в заседании 7 июня вынес постановление (см. «Соц. Вестник» № 16). Не имея способов оповещения об этом постановлении, ЦК решил на всякий случай послать его в «Известия». Было любопытно, как поступит Стеклов. Стеклов поступил по-стекловски: 24-го июня он поместил в «Известиях» заметку «Среди партий», в которой изложил постановление меньшевистского ЦК «собственными словами», т. е. убавив и прибавив по своему усмотрению и выругавшись всласть. Мы были для большевиков тем беспокойным «живым трупом», за которым они внимательно следили.

Не имея в своем распоряжении печатного органа в России, ЦК не мог своевременно откликнуться на уход ренегатов — Трояновского, Ерманского и Никольского. В первое время у ЦК и не было намерения что-нибудь сообщить об этом. Уход Ерманского, совпавший с перевыборами в Московский Совет, держался втайне из-за боязни его разлагающего влияния. Таким образом получилось, что в нашей периферии мы как будто конфузились этих уходов, — вместо того, чтобы заклеймить их как ренегатов.

Все же однажды ЦК решил написать «надгробное слово» и дать в нем оценку этих «бывших людей» и просить редакцию «Соц. Вестника» опубликовать его.

Написать это было поручено мне, как автору предложения. Я представил проект ЦК. Затруднение было в том, чтобы было ясно, что, изобличая ренегатов, мы не распространяли нашей оценки на людей, ушедших по идейным соображениям, как Яхонтов или Горев. И. Юдин предложил попросить находившегося тогда в Москве литератора из Бунда А. Литвака проредактировать эту статью. Я не возражал, но предложил послать статью в двух вариантах на усмотрение редакторов «Соц. Вестника». Статья была напечатана в № 12 «Соц. Вестника» в редакции и с поправками Литвака. «Бывшие» весьма обиделись, хотя имена Трояновского и Ерманского в статье не были упомянуты (по-моему, зря!), но для посвященных было совершенно ясно, о ком шла речь. После этой статьи закончилась полоса двусмысленности и недоговоренности, при которой иные из ренегатов еще претендовали на «товарищеское уважение».

⁂

Как уже было выше сказано, в Орловском Централе 26-го июня была объявлена голодовка. Голодало 70—80 человек меньшевиков и анархистов. Левые эсеры присоединились к голодовке на 4-й день, но объявили «сухую» голодовку **без воды**. Никто из Чеки даже не появился в тюрьме во время голодовки, а председатель ВЧК в Москве Уншлихт отвечал на все протесты: «Пускай умирают». В Орле две левые эсерки, — Суркова и Егельская, — сделали попытку самосожжения в камере. Вообще голодовка эта трепала нервы не только нам, но и большевикам. В это время, 30-го июня, Московский Совет поставил на повестку дня заседания доклад комиссии об избиениях в Бутырках 25-го апреля.

В «Соц. Вестнике» (№ 14-15) напечатано подробное описание этого беспримерного заседания Совета, но все же оно не дает представления о том, что там творилось. Меня не могли удивить звериные выходки большевистской черни. Но то, что произошло на этом заседании, превзошло все ранее виденное.

Наша фракция состояла не более, чем из 10 человек*). Совет, заседавший в Доме Союзов, был переполнен, и по случаю «большого дня» был богато представлен чекистами — (как членами Совета, так и просто чекистами). В Совет, как и на смешанные избирательные собрания, большевики пропускали своих по партийному билету или устному заявлению: «партийный». На избирательные собрания ходила — с одного на другое — специально мобилизованная колонна чекистов. «Отдельный корпус избирателей» — прозвали мы их. На заседание явилось — вероятно для практического обучения, — много делегатов с заседавшего тогда конгресса Коминтерна. Доклад делал Фельдман (впоследствии посланный в Берлин в Торгпредство). Он сообщил, что заключенные в Бутырской тюрьме социалисты сперва избили красноармейцев, а затем . . . самих себя. Но речь Бухарина, — который паясничал, об избиениях говорил со смехом и ужимками, играя на низменных и подлых инстинктах своих слушателей! Никакой беды

---

*) Хотя я был «разъяснен» мандатной комиссией, но билета не вернул и на заседание пришел.

нет, «если с мудрой головы меньшевика и упадет волос», «в революции побеждает тот, кто другому череп проломит», — говорил Бухарин. Нашему представителю говорить не дали. Стоял сплошной звериный рев. Окружавшая нас толпа чекистов потрясала кулаками и кричала: «Расстрелять их»... Каменев закрыл заседание, угрожая новыми репрессиями.

Наша фракция подала после этого заседания протест в президиум Московского Совета, напечатанный в № 15 «Соц. Вест.». Заявление это было необходимо, на наш взгляд, не только для того, чтобы ответить на речь Каменева, угрожавшего репрессиями за наше участие в «Соц. Вестнике». На это надо было ответить: «Не запугаете». Но перед нами встал и другой вопрос, — как реагировать на гнусное поведение коммунистов в Совете? Увы, — мы по прежнему вынуждены были выбрать между уходом с протестом с заседания или вообще уходом из Совета. Ни то, ни другое не было для нас приемлемо. Поэтому мы ограничились в протесте туманным заявлением: «Вы делаете для оппозиции почти невозможной постоянную органическую работу в Московском Совете», и решили ближайшие несколько заседаний Совета бойкотировать.

В июне как раз выпали на нашу долю трудные дни. Необходимо было информацию немедленно передать за границу, а тут, как на зло, пути и связи наши застопорились. Получая свежий № «Соц. Вест.» без нашей информации, мы просто впадали в отчаяние. С № 8 до № 15 (от 1-го сентября), в котором рядом помещены были — наше заявление в президиум Московского Совета от **5-го июля** и воззвание ЦК «на борьбу с голодом» от **5-го августа**, не было нашей информации.

Во-первых, я решил непосредственно встретиться с нашими «связями» и выяснить в чем дело. При слежке, которая тогда была за мной, — это было нелегко сделать. «Связь» № 2 пришла ко мне. Мы договорились и впоследствии видались еженедельно, — причем приходя на свидание со мной (летом и осенью в 11 часов вечера на Пречистенском бульваре, а зимой — на квартире), «связь» часто приносила с собой и «Соц. Вест.» и много иностранных газет.

Во-вторых, ЦК решил наше воззвание о голоде переслать Заграничной Делегации по радио, официально обратившись для этого в Наркоминдел (Народный комиссариат иностранных дел).

Признаки неурожая, а затем и голода появились, **конечно,** давно, но большевики в своей печати это скрывали. В июне секрет открылся для всех, и большевистские газеты были вынуждены о голоде заговорить открыто. Разумеется, для нас не было сомнений в том, что нужно звать на борьбу с голодом. Однако ЦК не мог ставить вопрос так, как будто голод объясняется засухой.

Вопрос о голоде — это вопрос политический. К голоду привела вся политика военного коммунизма до 10-го съезда РКП, в том числе крайний упадок крестьянского хозяйства, сокращение посевов, отсутствие агрономической помощи, разгром общественной самодеятельности и т. д. Документ о голоде было поручено написать В. Г. Громану, — обсуждался он на двух заседаниях ЦК и 6-го июля он был принят. Громан, как экономист, изложил «то, что есть». ЦК поручил мне закончить его призывом о помощи и политическими выводами, что я сделал на заседании, прибавив конец, начиная со слов: «В этот час жизни и смерти»... Документ был немедленно отправлен, кроме Заграничной Делегации, также в большевистские газеты и доморощенно размножался нами. Но ... пришли номера «Соц. Вест.» за июль, за август, а нашего документа о голоде не было. А голод принимал все более ужасные размеры. В это время (в начале августа) приехал в Москву из Харькова член ЦК Бер (по решению ЦК он остался в Москве), и на заседании предложил написать короткое воззвание и переслать его по радио Ю. О. Мартову через Наркоминдел, «пусть откажут»! ЦК поручил мне и Беру составить это воззвание. На следующий день Бер пришел ко мне в Центросоюз, где я тогда служил, — мы составили воззвание и отправили в Наркоминдел с просьбой передать по радио Мартову в Берлин. О дальнейшей судьбе нашего заявления мы долго не знали, — пока не получили № 14-15 «Соц. Вестника» с нашим радио от 15 августа и с заявлением Заграничной Делегации, в котором подчеркивалась политическая и общественная сторона вопроса.

Позиция партии в вопросе о голоде была ясна — все силы должны быть отданы на борьбу с голодом. Но вопрос об организационных формах этой помощи представлялся нам более сложным. Большевики создали тогда «Всероссийский Комитет помощи голодающим», получивший потом название «Прокукиша» (Прокопович, Кускова, Кишкин, — главные деятели комитета), в который они пригласили других общественных деятелей, в том числе бывшего меньшевика В. В. Шера, и дальше уже назывались имена направо: не только Брусилова, но и Джунковского. Но в комитет не был приглашен ни один партийный социалист, причем это было результатом общего желания — и большевиков, и «прокукишей»*). Комитет сознательно не назывался «общественным». В этих условиях мы считали невозможным призывать вносить

_____

*) Такие люди, как А. Н. Потресов, ушли оттуда после первого же заседания. Когда на первом заседании было внесено, — кажется, Потресовым — предложение включить в Комитет представительство рабочих, последовал чей-то раздраженный ответ: «Довольно мы возились с рабочими! Нам рабочая демократия не нужна, мы должны работать с правительством».

свои пожертвования в этот комитет. За границей однако вначале представляли себе, что Комитет носит общественный характер и независим от власти, и потому отношение там к Комитету было несколько иное.

Надо отметить, что отрицательное отношение к Комитету, как полубюрократическому, подначальному предприятию было не только у нас. Так на съезде промысловой кооперации, после выступления члена Комитета с призывом к участию в нем, съезд **единогласно** постановил: отклонить участие в этом Комитете и образовать самостоятельный (фигурировала какая-то статья Кусковой в «Красной газете»). Отношение к Комитету нашего ЦК не было бойкотистским, но отрицательным, хотя Ф. И. Дан находил, что и служить там не следует. При этих условиях будет понятно, насколько неприятно мы были поражены, когда прочли в газетах известие (оказавшееся вымышленным), что Р. А. Абрамович вступил в Берлинский Комитет (нечто вроде «Прокукиша»). ЦК начал бомбардировать Заграничную Делегацию просьбами о немедленном уходе Р. А. Абрамовича из Комитета. Оказалось, что уходить то неоткуда. Но слух был так упорен, что мы просили Заграничную Делегацию опровергнуть его в «Соц. Вестнике», что и было сделано (№ 16).

Совершенно в духе наших решений Р. А. Абрамович выступил во «Фрайхайте» с предложением образовать общегерманский рабочий комитет помощи голодающим. К образованию такого же общероссийского рабочего комитета стремился и ЦК, но это, разумеется, ему ни в какой степени не могло удаться.

Большевики создали при каждом профсоюзе комиссию, назначенную правлением, куда, конечно, ни один представитель оппозиции не допускался. Это были чисто бюрократические организации, действующие бесконтрольно и безотчетно. Не было не только намека на общественную постановку дела, но не было и не могло быть уверенности в том, что собранные средства пойдут на нужды голода, а не будут большевиками разбазарены по своему усмотрению.

Но других организаций не было, и создавать их властью запрещалось. Положение было очень трудное. Принято было предложение обратиться в Венское Международное Объединение с просьбой все собранные им средства направлять в адрес нашего ЦК. Увы, от «Вены» мы ничего не получили.

В конце концов ЦК остановился на мысли призвать рабочих и служащих выделять на каждом предприятии свои комиссии помощи голодающим и путем давления этих комиссий на «центр» превратить созданные большевиками казенные комитеты в свободные органы самодеятельности по борьбе с голодом. В этом

60

смысле ЦК выпустил прокламацию и повел агитацию по пред-приятиям*). Между прочим эсеры предложили нам совместное выступление о голоде и о «Всероссийском Комитете», но ЦК от этого уклонился. Мы начали агитацию за эти комиссии, которые кое-где и образовались на местах.

В связи с голодом тревога среди большевиков была большая и, кажется, кроме Ленина и его приближенных, большевики были подавлены, растеряны и готовы были ко всяким неожиданностям. Носились слухи, что большевики не то совсем сдадут власть «Прокукишу», не то создадут с ним некую коалицию. Вообще почти никто не сомневался в том, что это **конец** и только инте-ресовались — «как все это кончится». Большевики-рабочие обра-щались к нам с предложением вместе собраться и поговорить, а некоторые из них ставили вопрос: нельзя ли нам договориться? Высокопоставленные большевики не выдерживали конспирации и сообщали нам о том, что в партии идет борьба, — но что нужно ждать не реформ, а Реформы. Менжинский заявил Винаверу, что он стоит за освобождение меньшевиков и ждет решения партии. В Москву в Бутырки из других тюрем начали свозить меньше-виков: Дана, Гарви, Шварца, Биншток. А обыватели ждали но-вой иностранной интервенции во главе с немцами. Все было за-гадочно и туманно.

Однако, довольно скоро наступил конец «бессмысленным мечтаниям»: «Прокукиш» был разогнан, и члены его (кроме В. Н. Фигнер) арестованы. Петроградский комитет его во главе с Горьким сам закрылся; на заседании Московского Совета о голо-де и связанных с ним мероприятиях Каменев не позволил даже внести свою резолюцию беспартийным. Разговоры о Реформе или реформах кончились.

В довершение всего Чека объявила о раскрытии ею очередного «заговора» Савинкова, к которому приплела решительно всех, а Ленин опубликовал письмо о «скрытом меньшевизме», — призы-вая к «чистке» РКП от «скрытых» меньшевиков и обвиняя мень-шевиков в том, что они срывают совето-германские торговые пе-реговоры. Все стало ясно.

Ленину хорошо было известно, что Заграничная Делегация меньшевиков много для того сделала, чтобы эти переговоры увен-чались успехом. ЦК получил от Р. А. Абрамовича письмо с по-дробным изложением всех шагов Заграничной Делегации в деле совето-германских переговоров и использовал его для циркуляр-ного письма по организациям.

---

*) См. Приложение № 2.

✽✽✽

В Москве у нас были кой-какие части печатного станка, но в ЦК вопрос о постановке нелегальной типографии официально не подымался. Вопрос о нелегальной типографии воспринимался, как часть общего вопроса о переходе партии в подполье. Хотя вопрос этот подымали «места» неоднократно еще с весны 1921 года, но ЦК тогда казалось, что переход на нелегальное положение неизбежно повлечет за собой радикальную перемену нашей тактики: от эволюции к революции. Отвергая восстание против советской власти (некоторые из нас считали недостаточным ответ Мартова в «Соц. Вестнике»), ЦК считал невозможным переход в подполье. Лозунг был — **сохранить во что бы то ни стало легальность** и бороться за нее. Однако мысль о типографском станке не покидала многих из нас. Летом я был послан в качестве представителя ЦК в Московский Комитет, вместо уехавшего в санаторию С. Каца. Точного состава МК в это время не знаю, но хорошо помню на заседаниях МК И. А. Кушина, Егорова-Лызлова, А. Б. Романова, Л. Пистрака, И. Рашковского, железнодорожного рабочего Кудряшева.

Помню заседание на квартире доктора Филица, впоследствии высланного из Москвы в Орел. На этом заседании был поднят вопрос о необходимости постановки нелегальной техники. Мысль встретила общее одобрение без всяких прений, и была выбрана тройка: Романов, Егоров, Кудряшев. Романов и Егоров были хорошо известны партии, как старые опытные работники. Кудряшева, хотя и молодого члена партии, хотели втянуть глубже в работу и дорожили им, как рабочим от станка. На этом мы, увы, просчитались: при аресте он обо всем сообщил следователю. (Кудряшев писал нам из тюрьмы письма, умолял выслушать; он объяснил свои показания тем, что «раз партия легальна, то нам и скрывать нечего». Впоследствии он был исключен из партии). Тройке этой, повидимому, не удалось ничего наладить. Но с этого времени мысль все чаще возвращалась к вопросам техники. Разрешен вопрос был лишь поздней осенью 1922 г., когда мы перешли в глубокое подполье.

Одним из существенных препятствий для постановки техники, как и для работы партии, было — отсутствие денег. Наши доходы были весьма ограничены. Примерно с апреля мы начали получать деньги от Заграничной Делегации. Помню первые 2000 марок, которые я получил через Н. Н. Салтыкова. Особенно туго стало после февральско-мартовских арестов и развоза. Один проезд по железной дороге в Орел поглощал все наши средства, добытые путем экстренных сборов. Так ЦК в письме в ЗД от 27 июля писал: «Мы ждем с огромным нетерпением ваших сборов. Если мы и собираем кое-что, то это капля в море. Касса ЦК пуста. Касса партийного Красного Креста почти тоже».*)

К вопросу о характере «Соц. Вестника» нам в это время не раз приходилось возвращаться. На первом же заседании ЦК Бер от имени Главного Комитета Украины поднял вопрос о «Соц. Вестнике», настаивая на том, что «Соц. Вестник» должен быть органом не боевым и актуальным, а чисто пропагандистским, — даже научно-теоретическим. Однако, южане ЦК не убедили и, против голоса Бера, ЦК всеми голосами одобрил, как характер, так и направление «Соц. Вестника», выразив при этом пожелание, чтобы в «Соц. Вестнике» чаще и подробнее освещались вопросы международного рабочего движения и, в частности, деятельность «Венского Объединения».

Бер внес также предложение о пополнении и реорганизации ЦК. Но в это время в связи с голодом в нашей среде были распространены иллюзии, о которых я писал выше, — о близком освобождении наших товарищей из тюрем. Правда, мы уже слабо верили в это. Но верить хотелось, и Бер сам согласился отсрочить обсуждение вопроса. Конечно, ни состав ЦК, ни степень его активности, ни нас на воле, ни цекистов в тюрьме не удовлетворяли. 12 августа ЦК получил из тюрьмы от заключенных цекистов следующее письмо:

«Дорогие друзья, поскольку доходят вести из внешнего мира в наш мертвый дом, у нас получается впечатление, что вы выступаете от имени ЦК недостаточно часто и недостаточно громко. Между тем наше общее мнение таково, что теперь особенно важно делать, чтобы показать, что несмотря на самые ужасные преследования, партия не умерла и умирать не собирается, как и не собирается залезать в подполье, чтобы там молча пережидать тяжелое время. Время это слишком ответственное и критическое,

---

*) На одном заседании ЦК я внес предложение о создании партийных средств, используя нэп и наши личные связи в учреждениях. Это был единственный способ раздобыть средства. Большинство ЦК нашло, что следует соблюдать «чистоту риз», и предложение отвергло. Один Юдин сказал: «Делайте, но не спрашивайте». Я предложение свое снял.

чтобы можно было его «переждать» и тем сложить с себя ответственность за дальнейший ход и исход «кризиса». Наоборот, после того, как так разительно наглядно для всех оправдались наши предсказания, и получила (по крайней мере в теории) признание почти полностью наша экономическая программа, надо воспользоваться этим успехом, чтобы изо дня в день настойчиво доказывать, что эта программа осуждена на неудачу, а всякая частичная удача ее будет иметь не «социалистический», а буржуазно-хищнический смысл, если она не будет проводиться в тех политических рамках, которые нами давно уже намечены одновременно и нераздельно с программой экономической. Конечно, соответственно нашей общей оценке переживаемой критической эпохи, ее движущих социальных сил и возможных перспектив, а также незыблемым основам нашей тактики, выступления наши отнюдь не должны носить характер, подхлестывающий и без того возбужденную стихию и дающий толчок к ее развязыванию. Но в то же время мы не исполнили бы своей обязанности, если бы настойчиво не внушали рабочим массам и прежде всего социалистически-мыслящим элементам этой массы, к каким бы партиям они не принадлежали, что необходимо **скорейшее** воплощение указанных нами политических условий и, прежде всего честного соглашения между всеми социалистическими партиями, — если хотеть, чтобы вынужденное отступление, которое признают уже и большевики, о котором открыто говорил Троцкий на конгрессе социалистической молодежи, было социалистическим отступлением, а не позорной капитуляцией перед буржуазным хищничеством или рядом позорных потуг, которые только усилят развал и разруху и через разгар анархии откроют дорогу бонапартизму.

В духе этих идей мы **должны** выступать как можно чаще, распространяя для этого резолюции, речи в советах и пр., выступления на съездах, регулярные перепечатки из «Соц. Вестника» руководящих и принципиальных статей и пр. Как не ослаблены мы сейчас, мы все думаем, что при полном сознании всей важности этого дела и надлежащей энергии, можно в Москве, Петербурге и кое-где в других местах собрать и сплотить вокруг ЦК нужные силы и материальные и технические средства. Надо собрать известный кружок товарищей, готовых строго проводить партийную линию и образовать из них нечто вроде постоянного совета при ЦК, стимулируя их энергию и заставляя их выйти из состояния бездеятельности. Надо также всячески использовать в техническом и иных отношениях уцелевшую молодежь и заботиться об ее инструктировании и росте. Только не поддаваться пагубному настроению, будто **уже** или **пока** «ничего нельзя сделать». Желаем вам всяческого успеха и бодрости и крепко жмем руки».

Письмо это, пришедшее из Бутырок, явилось коллективным выражением мнений сидящих там членов ЦК: Дана, Ежова, Николаевского и Плескова*) и полностью совпадало с нашими политическими настроениями и принятыми нами практическими шагами. Еще в июне ЦК решил созвать на август партийную конференцию, к которой мы усиленно готовились. ЦК на воле делал все для того, чтобы голос его был возможно чаще и громче слышен в связи с нэпом и кризисом коммунизма. Если ЦК выступал недостаточно часто или громко, то это было отнюдь не вследствие каких-либо колебаний насчет необходимости выступать или сомнений в том, не следует ли переждать это время в подполье, — а потому, что нас осталась на воле горсточка, мы все жили легально, при отсутствии средств, профессионалов, техники и в сущности в условиях нелегального характера деятельности, суживавшей до нельзя размах работы. Но мы были все же бодры, и эту бодрую весть мы посылали 17 августа Заграничной Делегации: «Все мы, уверяю вас, и в тюрьмах, и на воле бодры, не сомневаемся, что партия переживает это и не сомневаемся — ни один — в правильности партийной тактики, партийных лозунгов, партийной политики. «Соц. Вестник» для нас больше, чем многое: он и оформляет, он и ободряет, он и объясняет. Присылайте друзья «Вестник». С ним нам ничего не страшно, а врагов он устрашает, как крест Мефистофеля ... Приятно было узнать, из письма Юлия Осиповича, что здоровье его улучшается ... Хотелось бы «отплатить» Юлию Осиповичу чем-нибудь приятным, но увы, ничего, кроме нашей бодрости у нас нет»!

О пополнении ЦК шли переговоры с тюрьмой и переписка с Загр. Делегацией. В августе ЦК получил на эту тему письмо от Мартова. Юлий Осипович предлагал, чтобы вместо ЦК в России было создано Бюро ЦК, с функциями больше технического, нежели политического свойства.

В сущности, эта мысль неоднократно вставала и раньше в ЦК. ЦК признавал, что переименование в Бюро отражало бы то, что есть, но все же каждый раз отвергал эту мысль по следующим мотивам, — как они изложены в письме к Заграничной Делегации от 22 августа:

«При разбитости и распыленности наших организаций, при растерянности и безлюдьи, маразме на местах, самое существо-

---

*) Из членов ЦК только Ф. А. Череванин (Липкин) был при развозе 25 апреля отправлен в Орел, где перенес со всеми 8-дневную голодовку. Это исключение для Череванина нужно объяснить, вероятно, политической безграмотностью Чеки, оставившей всех цекистов в Москве и отправившей в Орел не члена ЦК Череванина, а меньшевика Липкина. Впоследствии его перевели в московскую тюрьму.

вание ЦК, как органа, — хотя его суженный персональный состав был всем известен, — имеет большое значение и бодрит местных работников. Появление «бюро» означало бы в глазах всех отсутствие ЦК и ослабило бы и без того слабый (хотя в последнее время и оживляющийся) темп партийной жизни. Поэтому, продолжая функционировать как ЦК, мы вносим следующие коррективы: 1. кроме 4-х членов ЦК*), в заседаниях его присутствуют, в качестве постоянных членов, еще несколько товарищей. Эта практика, существующая уже почти полгода, теперь была оформлена, и персонально постоянными участниками заседаний являлись: В. Г. Громан, Б. Л. Двинов, С. С. Кац и А. Я. Малкин. В случаях существенных расхождений окончательное решение принадлежит членам ЦК. 2. По всем существенным, особенно принципиальным вопросам мы сносимся с тюрьмою и имеем мнение сидящих там товарищей. 3. Наконец, в случаях, когда нам придется выносить решения на свой страх, без уверенности, что за ним стоит большинство и не снесясь с тюрьмою, мы будем издавать их от имени Бюро ЦК. Полагаем, что такой порядок страхует нас как от паралича деятельности ЦК, так и от возможности односторонних решений».

Возражений на эту «конституцию» ни со стороны тюрьмы, ни со стороны Заграничной Делегации не последовало, и она была проведена в жизнь. Таким образом ЦК остался существовать, но наряду с ним появилась возможность использовать и новую фирму — Бюро ЦК, хотя я не помню выступлений от имени Бюро в этот период. Во всяком случае за нашим коллективом осталась «вся полная политическая власть», как за высшей инстанцией.

---

*) Рубин, Югов, Бер, Юдин.

66

***

Я уже упоминал выше, что еще в июне ЦК решил созвать партийную конференцию. Так как конференция должна была состояться в условиях полуподполья, то при отсутствии нелегального аппарата и общей нашей легальности — эта задача оказалась довольно сложной. Решили пригласить на конференцию только наиболее крупные организации. При всей нашей конспиративности, ВЧК о совещании узнала и распорядилась не выпускать меньшевиков никуда. Сделать это было легко, так как все служили, и ездить можно было только с командировкой. В результате на совещании 25-26 августа кроме членов ЦК были из Москвы два (А. Романов и, кажется, С. С. Кац), из Петрограда — один (— М.), из Минска — один (Евг. Ад. Гурвич), из Харькова — два (А. Г. Левин и еще один), из Киева — два (от обоих течений), из Херсона — один. Спустя дня два приехал из Дальневосточной Республики — Люкс и присоединился к решениям Совещания. ЦК приготовил резолюции о политическом и экономическом положении, об Интернационале и о профдвижении. Кроме того заслушан был доклад ЦК и приняты резолюции о деятельности ЦК, о Заграничной Делегации, о «Социалистическом Вестнике» и по вопросу организационному.

Конечно, небольшой и случайный состав совещания удовлетворить нас не мог.

Совещание высказалось против перехода в подполье, за продолжение политической деятельности партии в легальных формах, за продолжение борьбы за легальность. Совещание высказалось за то, чтобы при арестах и допросах на вопрос о партийной принадлежности члены партии отвечали положительно. Одобрив деятельность ЦК, Заграничной Делегации, и послав приветствие арестованным и «Соц. Вестнику» и обязав местные организации посылать корреспонденции в «Соц. Вестник», совещание поручило ЦК выделить постоянного редактора для информаций, направляемых в «Соц. Вестник».

Совещание также решило провести по всем организациям регистрацию членов партии, как на воле, так и в тюрьме, подтвердило создание «Бюро ЦК» и расширенный состав ЦК, и «конституцию»: если документы приняты на воле и в тюрьме, то публикуются они от имени ЦК, если же только на воле — от имени Бюро ЦК. Наконец, совещание решило, что новые выборы ЦК должны быть произведены на ближайшей конференции, что ЦК должен оживить свою литературно-издательскую деятельность и наладить регулярный выход «бюллетеня».

Оживленные прения вызвал вопрос о политической тактике. Левая, во главе с Бером, стояла за коалицию, за соглашение социалистических партий во власти. Правые были против. Коалиция необходима, ибо только такая власть еще может кое-что спасти, — утверждали левые. Но большинство считало, что участие во власти меньшевики могут принять только на основе демократизации режима. Резолюция, принятая совещанием, формулировала не вопрос о власти, а только требование соглашения рабочего класса с крестьянством. Обойден был в резолюции и вопрос о «социалистическом строительстве» народного хозяйства.

Совещанию были предложены 3 резолюции: две были заготовлены ЦК и одну прислал Ф. Дан. Помню заседание ЦК за городом на даче у Югова в ожидании Л. О. Дан, которая должна была приехать после тюремного свидания с Ф. И. Даном и привезти его тезисы. Мы ждали их с огромным нетерпением, так как другие проекты нас не удовлетворяли. Лидия Осиповна наконец, приехала, проект Федора Ильича (или всех 4-х членов ЦК) привезла, — но и предложение Ф. И. мы отвергли, — и приняли в качестве проекта для совещания одну из выработаных ЦК резолюций.

Дальнейшие споры вызвал пункт экономических тезисов относительно пределов денационализации и пределов сохранения «социалистического строительства». На следующий день совещание длилось только несколько часов; были обсуждены тезисы международные, профессиональные (которые совещание поручило отдельной комиссии) и, кажется, кооперативные.

Разумеется, для подготовки совещания была образована техническая комиссия, которая должна была обеспечить делегатов квартирой, ночлегом, провиантом и т. д. Как это, увы, бывает, ничего эта комиссия не подготовила. Дело в том, что совещание совпало с разгромом и арестом Комитета помощи голодающим, и в тот же день — в субботу 27 августа — чека раскрыла очередной заговор среди красных моряков. Были арестованы сотни моряков, говорили — весь штаб Балтфлота. В результате помещения для начала совещания не оказалось, и оно экспромтом было устроено на частной квартире у А. в Ильинском переулке. С утра туда все пришли, и до 8 часов вечера никто не выходил. Окончание совещания опять таки состоялось на частной квартире у М. Д.

Все решения и резолюции совещания были переданы на окончательное утверждение ЦК. И хотя в общем на совещании обнаружился известный уклон вправо (во всяком случае общее настроение совещания было правее ЦК), но все же Бюро ЦК не усмотрело в резолюциях изменения партийной линии и резолюции утвердило. Иначе оценили результаты совещания члены ЦК в тюрьме. Они признали политическую резолюцию неприемлемой. Началась переписка между тюрьмой и волей. Тюрьма прислала свои поправки, часть которых в принципе никаких споров вызвать ни у кого из нас не могла, — например, указание на опасность стихийных движений и восстаний, на контр-революционный характер (в тот момент) лозунга «Учредительного Собрания»*), на связь русской революции с международным положением и т. д. Все присланные поправки были вставлены, но и это наших товарищей в тюрьме не удовлетворило, и они потребовали принятую резолюцию аннулировать и не рассылать. Но Бюро ЦК с этим не согласилось, не нашло для этого и формальных оснований и решило разослать документ по организациям от имени ЦК. В этом же виде тезисы напечатаны были в № 21 «Соц. Вестника» от 2-го декабря. Только в конце сентября они были готовы, и лишь в октябре удалось переслать из за границу. В конце октября мы получили подробное письмо Ю. О. Мартова от 3-го октября, в котором он сообщал, что и он, и Абрамович целиком присоединяются к нашей резолюции и высказываются против тюремного проекта.

Отношение власти к нашим товарищам в тюрьме отражало хаос и неразбериху, царившую в это время в большевистской партии. Там шла борьба клик, Кремля с Лубянкой. Сегодня аресты — завтра освобождения. Так, из Таганки в августе освободили ряд товарищей, а других оставили. Из Бутырок освободили Гринцера, Карасика (из Петрограда) и студентов, освободили К. И. Захарову-Ежову, освободили в Харькове группу в 18 человек, в том числе Кучина-Оранского и Таска. Но в то же время, 8 меньшевиков (Вороницын, Самохвалов, Венгер и другие) оставлены в тюрьме. Одновременно 26 товарищей из Смоленска были после голодовки привезены в Москву.

В сентябре из московских и других тюрем освободили 51 человека, в том числе С. Шварца, А. Девяткина, Кузовлева, Пистрака и др. Но все же осталось еще свыше 200 социал-демократов по тюрьмам. В октябре освободили по болезни А. Э. Дюбуа. Одновременно арестовали 22 человека в Гомеле, ввели каторжный режим в Орле.

---

*) Вопрос об Учредительном Собрании вызвал на совещании горячие споры, и голоса разделились. Была затем найдена компромиссная формула.

В начале сентября я уехал из Москвы на Кавказ и вернулся лишь в конце октября. По традиции 7 ноября ожидалась амнистия, и те, кто еще окончательно не распрощались с «бессмысленными мечтаниями», ожидали освобождения социал-демократов. Правда, в Харькове 27 октября были произведены внезапные аресты свыше 100 человек, в том числе 54 с.-д., но этот арест был связан с выборами в местный Совет. То-же происходило в Петрограде, также в связи с перевыборами в Совет.

5 ноября какие-то доброжелатели из Чеки сообщили, что ожидаются аресты меньшевиков. Я передал об этом по телефону Югову и Рубину, но оба они заверили меня, что это совершенно не отвечает нынешнему настроению власти и что нет никаких оснований для беспокойства. Я поддался уверениям товарищей и никаких мер предосторожности не принял. Ночь у меня прошла спокойно, и утром с транспортом литературы, полученным накануне и оставленным у себя на ночь, я спокойно вышел из дому. Но уже возле дома встретила меня Полина Рубина и сообщила, что ночью были аресты и взяты Рубин, Юдин, Шварц и др. Так как Рубин и Юдин были членами Совета, то их арест указывал, что операция предпринята очень широко. Обыски были у многих — у Конкордии Захаровой, Лидии Дан и др. Хотя чекисты ко мне не приходили, я счел за благо перейти на неделю на нелегальное положение. И в самом деле, Чека пожаловала ровно неделю спустя*).

По счастливой случайности я вышел из дому за 10 минут до прихода чекистов. Пришлось из подполья держать связь с «Соц. Вестником».

Вскоре оказалось, что обыски и аресты не следует рассматривать, как некий окончательный курс, уточнивший положение нашей партии. В середине ноября было освобождено около 35 человек (Ал. Малкин, Рашковский, Гутман и др.), но одновременно ряд других товарищей получили приговоры на 2 и 3 года ссылки в Ташкент, в Архангельскую губ. и т. д. Противоречивая политика продолжалась по прежнему. Когда в ноябре прибыл Уншлихт, то наши товарищи ему на это обстоятельство указали: с одной стороны — партия легальна и допускается в Советы, а с другой — преследуется, как антисоветская; с одной стороны, одни члены партии освобождаются, а одновременно другие — высылаются. Уншлихт заявил, что является сторонником единообразия и что на днях вопрос решится полностью. Действительно, вскоре освобождения прекратились. Ленин

---

*) Спустя несколько месяцев я имел возможность в Чека просмотреть свое «Дело» и нашел в нем ордер на мой арест от 5 ноября, но вместо Кривоарбатского пер., в котором я жил, был указан Кривоколенный. После этого Чеке потребовалась неделя для установления моего местожительства.

заявил, что меньшевики — «самый опасный враг», и товарищи начали целыми пачками получать «приговоры», — преимущественно ссылку в Туркестан, но члены нашего ЦК были оставлены в Москве. Одновременно с Москвой прошли аресты в Одессе, Житомире, Таганроге, Ростове и других городах.

Итак, из состава ЦК сразу выпали два полноправных члена — Рубин и Юдин; это обстоятельство могло очень осложнить нашу работу. Амнистия, возвещенная к 4-ой годовщине октябрьского переворота — 7-го ноября, — коснулась кроме уголовных, также врангелевцев, но не социалистов, которые сражались в рядах Красной армии с этими самыми врангелевцами, защищая революцию и «советскую власть».*)

Однако, здесь службу сослужила добытая нами некогда «моральная победа» в виде «конституции» Московского Совета, по которой без согласия президиума аресты членов Совета недопустимы. И президиум Московского Совета возражал против арестов Рубина и Юдина. Рубина 23 ноября освободили, но Юдина оставили в тюрьме. Но нет худа без добра. Временное пребывание Рубина в тюрьме дало нам возможность установить живую связь с членами ЦК в тюрьме и осведомить их обо всем, что делается на воле. В общем при личном общении было достигнуто почти полное согласие. Исключение однако составил Ф. И. Дан. Соглашаясь с позицией «Соц. Вест.» и статьями Мартова, Ф. И. Дан решительно возражал против линии Бюро ЦК, совещания и Заграничной Делегации (имеется в виду письмо Мартова от 2-го ноября). Особые возражения у Дана были по вопросу об Учредительном Собрании. Дело в том, что об Учредительном Собрании тогда довольно много говорили даже в большевистских кругах. Передавали, что Ленин чуть ли не решил созвать Учред. Собрание старого состава, так как якобы высчитал, что если вычесть умерших и убитых, то в связи с переходом многих эсеров к большевикам, у Ленина будет большинство в Учредительном Собрании. Слухов в это тревожное время было очень много, — политическое положение в связи с голодом было очень сложное. В связи с этим нам не хотелось выступать против Учредительного Собрания, ибо где-то в тайниках рождалась мысль: может быть, положение действительно станет таким, что лозунг этот придется поддержать. Кто знает? Иначе смотрел на этот вопрос Ф. И. Дан. Он считал ответ Ю. Мартова о лозунге Учр. Собр. уклонением от ответа. Он считал вероятным, в силу голода, дороговизны и новой экономиче-

---

*) В Таганке сидел наш товарищ А. Стойлов, проведший все время борьбы с Деникиным, Врангелем и в Польше в рядах Красной армии, на посту начальника штаба дивизии. Арестован он был вскоре по возвращении из армии, а в ноябре получил «приговор» — ссылку в Ташкент.

ской политики — возобновление стихийных народных движений, таящих опасность контр-революции. На этот случай надо дать ясные директивы товарищам и предотвратить возможность криво-толков со стороны наших правых, которые склонны при первых признаках движения выдвигать лозунг Учред. Собрания, который при такой ситуации равносилен свержению советской власти и торжеству контр-революционных сил (так изложена позиция Дана в письме ЦК к Заграничной Делегации от 25 ноября).

Другие расхождения были по вопросу о развернутой или уре-занной демократии, т. е. о свободе вообще или о «свободе для тру-дящихся». Ф. И. Дан полагал, что «именно новая экономическая политика, усиливая буржуазные элементы, делает особенно не-обходимым такие формы демократизации и такой темп ее, кото-рые дадут в первое же время возможность организоваться имен-но пролетариату и другим революционным элементам, преимуще-ственно перед буржуазными группами. Поэтому лозунгом дня в теперешней стадии развития является свобода «для трудящихся», а не свобода вообще, без оговорок. Только с укреплением позиции трудящихся может быть речь о расширении свобод. (Так излага-ется позиция Дана в том же письме ЦК).

Наконец, по вопросу о конструкции власти Дан находил, что формула ЦК — соглашение пролетариата с крестьянством — не-достаточна и неопределенна. Ф. И. Дан, да и другие члены ЦК в тюрьме оказались «левее» нас, находившихся на воле. Позиция Дана целиком совпадала с позицией Бера. Обнаружилось и еще од-но расхождение наше с Ф. И. Даном. В то время, как мы продол-жали себя считать в принципе «массовой» партией и в меру своих сил не пропускали ни одного случая, чтобы обращаться к массам (съезды профсоюзов, Советы и т. д.), Дан совершенно справедли-во сомневался в возможности для нас в данных условиях воздей-ствовать на рабочие массы.

В Москве освободили еще 11 человек, а 30 получили ссылку в Ташкент, причем некоторые «с содержанием под стражей», пере-водились в ташкентскую тюрьму. Одновременно 14 с.-д. из Таш-кента были высланы под надзор в Москву. Товарищи подали во ВЦИК протест против возобновления института ссылки. ЦК тоже принял аналогичный протест, который распространил в виде ли-стовки. Возобновление института ссылки было тогда таким прояв-лением морального падения большевиков, особенно на фоне про-цветания нэпа, что никому даже не верилось, что это всерьез. Самой Чеке, повидимому, тоже хотелось провести это дело воз-можно тише, без шума.

В это же время Бюро ЦК сочло необходимым обратиться к организациям с письмом о задачах партии и методах борьбы*).

Циркуляр этот, отвечавший и на возникшие в нашей переписке с тюрьмой, и с Заграничной Делегацией политические вопросы, настойчиво повторяет, что «РСДРП по своему характеру была и остается не замкнутой партией, не партией кружковщины, а **широкой массовой партией рабочего класса». «Необходимо поэтому оживить агитацию в массах»,** а потому **«активно участвуйте, где возможно, в выборах в Советы Раб. Деп. и в работах самого Совета. Непременно работайте в профессиональных союзах, кооперативах, рабочих комитетах помощи голодающим, и во всех вообще пролетарских организациях. Особое внимание следует обратить на молодежь».**

ЦК, конечно, знал, что у нас явно нет сил для такой задачи. Но это была наша принципиальная позиция и это надо было сформулировать.

Не менее настойчиво проводил циркуляр и другую мысль: мы партия **легальная.** Это цепляние за легальность после февральского разгрома партии было поистине поразительно. Достаточно вспомнить содержание споров, которые были у нас с тюремными нашими товарищами, чтобы понять, как психологически далеки мы были еще в конце ноября от мысли уйти в подполье: «. . . Ни в коем случае не следует понимать, как стремление партии уйти в подполье, **к каковым попыткам ЦК относится совершенно отрицательно»,** читаем мы в циркуляре (под давлением постоянных арестов, некоторые организации поневоле прибегали к конспирации). «Вы должны рассматривать себя, как партию, стоящую на почве советской конституции, **партию легальной рабочей социалистической оппозиции,** относящуюся совершенно отрицательно к методам вооруженной борьбы и вооруженным восстаниям, которые в настоящих условиях неизбежно повлекли бы к торжеству реакции».

Наконец, по вопросу о свободах циркуляр отмечает, что **«партия прежде всего требует от власти полной свободы рабочих организаций и демократизации страны».**

---

*) Циркуляр, написанный по поручению Бюро мною, был принят в заседании 27-го ноября, и мне же было поручено внести в его текст принятые исправления и отправить его от имени ЦК Загр. Делегации. Отправляя 29-го ноября письмо Загр. Делегации, я приложил к нему и циркуляр от той же даты (см. «Соц. Вест.» № 1-23).

***

В сентябре-октябре связь ЦК с Заграничной Делегацией сильно ослабела по случайным причинам: путь № 1 действовал вяло и использовать его было трудно. Затем обнаружилось, что где-то на этом пути происходит перлюстрация наших писем. Мы не сомневались, что Чеки здесь нет, но самый факт вскрытия пакетов и пересмотра наших писем не располагал к пользованию этим путем. Путь №.2, которым мы широко пользовались и с которым у меня установились личные отношения, — временно уехал, а путь № 3 еще действовал. Этот путь организовался за границей, для чего Далин ездил в Н. Но по счастливой случайности, лишь только я вернулся из поездки и перенял свои обязанности — вновь наладился путь № 2, и таким образом мы пользовались двумя путями. Приблизительно 20 ноября Я. М. Каплан сообщил мне, что приехал из Н. товарищ В. с письмом к ЦК и ищет нас. Мы встретились и в результате наладилась связь № 3, которая, особенно вначале, действовала прекрасно.

Используя все три пути, мы стали получать около 400 экземпляров каждого номера «Соц. Вест.».

Зимой 1921-22 года часто возникал вопрос о массовом выносе «Соц. Вест.». Пришлось также разбить склад: на запасный, в котором хранилось иногда свыше 1000 экземпляров «Соц. Вест.», и — текущий склад, которым пользовались постоянно. Запасный был на товарном складе, которым заведывал тов. Р., а для каждодневного потребления номера журнала находились у Х. И хотя оба товарища были известны, как меньшевики, и конспирация их не находилась на большой высоте, провалов не бывало. Правда, на склад за литературой обращался только очень узкий круг лиц, но все же это было не одно лицо, а несколько.

Как распространялся «Соц. Вест.»? Вопрос этот интересовал и нас, и Заграничную Делегацию, которая и спрашивала об этом в одном из ноябрьских писем. Попадают ли журналы во все большие города, а также за пределы партийных кругов? Вот что я писал об этом редакции: «Максимум получавшихся нами экземпляров было 200*). И это на всю Россию. Пересылка возможна только оказией и следовательно подвергалась случайности. Наконец, круг читателей. Конечно, он попадает и в непартийные круги, и в рабочие круги, но ведь весь вопрос, насколько широко попадает, и этого мы учесть не можем. Учету могут быть подвергнуты только тюрьмы, ибо там постоянный и всегда многочисленный контингент читателей. Ну, а насчет воли — одному Аллаху известно». (Письмо от 28 ноября).

Помню, что зимой «Соц. Вест.» пересылался нами в следующие пункты: Петроград, Тверь, Вологда, Архангельск, Мурманск, Тула, Сормово, Гомель, Витебск, Минск, Владимир, Рязань, Вятка, Екатеринбург, ДВР, Харьков с районом, Киев, Ростов-на-Дону. Несомненно были еще города. Кроме того получали журнал наша молодежь, студенчество, тюрьмы и т. д. Можно признать, что в тех условиях, в которых мы тогда находились, распространение «Соц. Вест.» было поставлено удовлетворительно. Каждый номер переходил из рук в руки, зачитывался до дыр. Даже сейчас трудно оценить все значение «Соц. Вест.» и роль, которую он сыграл тогда.

Зимой 1921 года коммунисты в Германии подняли большую кампанию за освобождение их товарищей, участников путчей, сидевших в немецких тюрьмах. Независимые С.-Д. присоединились к этой кампании. Наши большевики изо дня в день вопили в своих газетах о «зверствах» буржуазной Германии по отношению к несчастным коммунистам и требовали их освобождения.

Ничего нет удивительного в том, что у наших товарищей в тюрьмах возник вопрос, не следует ли германским независимым с.-д. к кампании об освобождении коммунистов в Германии присоединить также и кампанию об освобождении меньшевиков в России. Конечно, это ослабило бы позицию коммунистов и усилило бы аргументы их противников в Германии. Поэтому Ф. И. Дан категорически высказался против и считал мысль о кампании в пользу меньшевиков едва ли не «ножом в спину». Однако остальные наши тюремные сидельцы считали такую кампанию требованием элементарной справедливости, а поэтому и возможной, и желательной. Когда вопрос стал в ЦК, то последний признал желательным, чтобы «Соц. Вест.» поднял одновременно кампанию за освобождение коммунистов на западе и меньшевиков в России. Но раньше чем наше письмо дошло до Загранич. Делегации, в № 21 «Соц. Вест.» уже появилась передовая «Две голодовки» (Лихтенбургская и Орловская), в которой вопрос так и ставился, а к моменту нашего письма Заграничной Делегации, вероятно, уже по-

---

*) До появления пути № 3.

лучилась наша телеграмма о начавшейся 4 января 1922 г. голодовке в Бутырской тюрьме.

Прошло всего несколько месяцев со времени июньской голодовки в Орловском Централе. Но с октября мы жили чуть ли не каждый день в атмосфере вспыхивающих то тут, то там голодовок. Орловцы требовали перевода в Москву, добавляя, что «дальнейшее пребывание в Орле закончится трагедией»; Владимирцы слали в ВЧК ультиматум; в Петрограде шли беспрерывные голодовки анархистов, эсеров, продолжительностью по 6-8 дней; Мария Спиридонова голодала в Москве 15 дней и т. д. У нас на воле не было никаких сомнений, что положительных результатов голодовка не добьется. Новая голодовка в Орле, Владимире и Петрограде — это тяжелое поражение. Мы стали уговаривать товарищей не объявлять голодовок, не поддаваться на провокации Чеки. Когда мы получили из Владимира категорическое заявление, что больше им невтерпеж, что если их не переведут в Москву, то голодовка неизбежна, ЦК пришлось принять резолюцию с категорическим запрещением голодовки. Особенно на этой резолюции настаивал Югов, и, как оказалось, он был прав. Послали во Владимир специального человека передать товарищам просьбу ЦК — товарищи отказались от голодовки, а в середине ноября они были почти все освобождены. (Богданов, А. Малкин, С. Волин, А. Кранихфельд и др.). В это же время и Рашковский, Б. Сапир, Л. Якубсон, — сидевшие раньше в Рязанской тюрьме, — были освобождены из Бутырок. В то же время шло завинчивание других тюрем, шла и подготовка к ссылке, — главным образом в Туркестан.

Член ЦК, недавно освобожденный из тюрьмы, — Алексей Кузовлев подал наш протест самому «президенту» Калинину. Последний подтвердил простодушно, что высылка назначенных в Туркестан безусловно не будет отменена, что заявление ЦК меньшевиков он, после ухода Кузовлева, бросит в корзину, и что он нам рекомендует протестовать на улицах, а не на бумаге. Кузовлев выругался и ушел.

В это же время мы получили из Петрограда сообщение, что в тюрьме там режим невозможный (см. корреспонденцию в «Соц. Вестнике» № 21 — «Мрак советской тюрьмы»), что происходят постоянные голодовки анархистов и эсеров, что наростает отчаяние и что наши решились на голодовку.

Петроградский Комитет, бессилен противостоять этому настроению, спрашивал совета у ЦК. ЦК был против тюремных эксцессов, но как идти против настроения товарищей, недовольных вмешательством ЦК в их тюремную жизнь? Я был тогда на нелегальном положении, но не хотел «оформлять» его, так как партия была принципиально против перехода в подполье. Было решено, что я на время покину Москву, получу командировку от своего учреждения, чем легализовалась бы моя неявка в Чеку, куда меня вызывали повесткой, — поеду в Петроград, чтобы там добиться отмены голодовки.

Не лишним будет привести выдержку из письма ЦК к Заграничной делегации от 6-го декабря:

«...Вчера уже окончательно установили 1-й список в 17 человек, высылаемых в Туркестан, причем 9 человек высылаются на поселение, а 8 человек п о д с т р а ж у. Посылка в царство Петерса*), под стражу, конечно, такое варварство, которое уже пахнет средневековьем, и наши в тюрьме (всех высылаемых уже перевели в Москву) сильно по этому поводу волнуются, причем для себя решили, что все они объявят голодовку — **до конца.** Конечно, очень трудно спокойно рассуждать по поводу всего этого нам, имеющим несчастье быть на воле, тем более, что наши нервы тоже плоховаты. Тем не менее мы обязаны это сделать, и ЦК постановил категорически высказаться **против** голодовки, прямо запретить ее. Мотивы: 1. ничего мы, конечно, не добьемся — это показал опыт прошлых голодовок; 2. это непременно кончится свалкой, так как большевики силой заберут голодающих-высылаемых; 3. нет никаких гарантий, что при отмене тюрем **здесь,** Петерс **там** все равно не посадит в тюрьму и 4. никакого политического резонанса голодовка иметь не будет. Между тем, потерять нам Ф. И. Дана, С. О. Ежова и т. д. — цена для протеста слишком дорогая. Удастся ли нам все это миновать?.. Кто знает, что ждет нас впереди... Ведь под этим кошмаром голодовки, самоубийств и т. д. мы все время живем, и воистину трагична наша судьба: сидя на воле, бессильные сами что-либо сделать, постоянно мешать товарищам в тюрьме бороться за свои права, протестовать против тирании. Но мы вынуждены, мы обязаны это делать — мы все это чувствуем. Надолго ли, однако, хватит наших сил и нервов рассуждать, а разума у сидящих слушаться?... Выдержим ли мы все это?.. Жутко становится от мысли, что может быть впереди... Мы, конечно, пишем протесты в ВЦИК и натравливаем совестливых большевиков, но все это никакого реального значения не имеет... Друзья, я хочу вам сказать, что нам очень тяжело — чувствуете ли вы это?..

Из письма из Петербурга, которое я прилагаю, вы усмотрите, **за что** приходится бороться... голодовкой. Ведь там тоже назрела голодовка за эти требования, и я еду туда, чтобы как-нибудь пре-

---

*) Петерс был в Ташкенте уполномоченным ВЧК.

дотвратить этот ужас; ведь Гришка*) будет счастлив, когда получит возможность поиздеваться над нашими муками и усилить репрессии. Это единственный результат голодовки. Но — отчаяние! Что можно противопоставить силе отчаяния?»...

Голодовку в Петрограде удалось предотвратить, как и во Владимире и Орле, но никаких сил не было предотвратить голодовку в Бутырках. Против нее и мы не возражали. Замолчать голодовку десятков социалистов, во главе с 4-мя членами ЦК: Дана, Череванина, Юдина, Николаевского, и большевикам не удастся.

Остальные члены ЦК к тому времени уже были на воле: Кузовлев был освобожден еще в сентябре**), Плесков внезапно столь опасно заболел в декабре в тюрьме, что чекисты, уверенные, очевидно, что он умирает, на своем автомобиле привезли его домой и сдали жене, Рубин был освобожден в конце ноября, и в декабре по болезни был освобожден Ежов. Кроме больного Плескова, прикованного к кровати, все немедленно вступили в партийную работу. В начале декабря освободили члена ЦК Бунда Розу Левит, — немедленно взявшую на себя сверх меры партийные обязанности.

---

*) Зиновьев.
**) И скоро вошел в состав ЦК.

∗∗∗

Тюрьмы, аресты, голодовки, ссылка отнимали почти все внимание и время у ЦК... За последние месяцы 1921-го года крайне редко поднимался в ЦК какой-нибудь принципиальной политический вопрос. Официально мы не имели возможности подвергнуть обсуждению ни одной из руководящих статей в «Соц. Вестнике», — даже таких статей, как Д. Далина «Долой иллюзии» или письмо П. Б. Аксельрода (к Мартову).

Но, надо сказать, что единомыслие с «Соц. Вестником» у нас было с первого же номера полное, и даже потребность потолковать в **официальном порядке** по поводу той или иной статьи была невелика. Блестящие статьи Мартова так удачно формулировали наше собственное мнение, что всякие разговоры были в сущности излишны. Обсуждению поэтому подвергались в отдельных случаях только вопросы тактики.

Так, в одном из декабрьских заседаний ЦК высказал пожелание, чтобы «Соц. Вестник» отгородился от эсеров. В своей печати большевики неоднократно изображали дело так, что мы и эсеры (особенно за границей) едва ли не объединились, и что «Соц. Вестник» и «Голос России» — едино суть. И еще одно пожелание было нами высказано в связи с заметками о Грузии в «Соц. Вест.». Получалось порой впечатление, что в «Соц. Вестнике» работают совместно Мартов и Жордания и что как бы стирается граница между нашей партией и грузинской. Мы это считали нежелательным и сообщили Заграничной Делегации пожелание ЦК «печатать статьи и документы Грузии так, чтобы ясно было, что это не наша партия, а другая. Ну, хотя бы в виде писем в редакцию». Повторяю, между нами царило полное единомыслие, — и когда появилась статья Далина «Долой иллюзии» с примечанием редакции, то, хотя мы все были против статьи, но очень спокойно ждали ответа Мартова.

Возвращаюсь к своей поездке в Петроград.

Я был там, кажется, дважды на заседаниях комитета — на квартире С. Л. Дейч. Из присутствующих помню М. Переца, Шевелева, Софию Дейч и одного рабочего. Впечатление от этого заседания, должен признаться, у меня было очень грустное. Не чувствовалось на нем биения жизни. Да и настроение большинства членов комитета было правее ЦК. Между тем петроградская организация сохранила связи с рабочей массой значительно больше московской, издательская деятельность ее была также богаче.

Московская наша организация к концу 21 года заметно оживилась благодаря освобождению из тюрем ряда активных работников, — Пистрака, И. Рашковского. Последний взял на себя функции секретаря ЦК и Моск. Комитета. Человек энергичный, преданный, хорошо знакомый с рабочими районами Москвы, он очень много сделал для оживления московской организации. Московский комитет предпринял тогда перерегистрацию своих членов и перевыборы комитета на демократических основах. Москва была разделена на участки, всюду были проведены собрания с докладчиками от ЦК и содокладчиками от правой оппозиции (помню, — что я ждал в качестве моего содокладчика П. А. Гарви, но он почему-то не явился), были прения и выборы. Затем производились общие подсчеты голосов. «Победа», несмотря на значительную оппозицию, досталась списку ЦК. Это была последняя перерегистрация в Москве, охватившая до 300 членов организации, и последние демократические выборы в Московский Комитет.

Кроме того, ЦК совместно с Моск. Комитетом начал выпускать свой «Бюллетень», № 1 которого (на пишущей машинке) вышел в декабре, а дальнейшие выпуски должны были выходить каждые 2 недели. Редактировали «Бюллетень» Бер и А. Малкин*). Наконец, ЦК партии на «компанейских» началах с ЦК Бунда пригласил постоянного разъездного агента в лице товарища Хайкинда (Эльчика).

Все это вместе взятое, с «Соц. Вестником», получение которого ожидалось в 500 экземплярах, дали нам все основания радужно смотреть на перспективы работы, если... если не произойдет нового очередного разгрома. Хорошо шла работа на Юге, где действовал Главный комитет Украины, руководимый Астровым, Кучиным, Вороницыным, А. Г. Левиным.

Освобожденные из тюрьмы Кранихфельд, Сапир, Рапипорт и др. немедленно возобновили деятельность Союза с.-д. молодежи, открыв «отделения» в Харькове, Киеве и Одессе. Работал Союз прекрасно, но уже перешел на полную конспирацию. Наконец, мы получили связи со студенчеством (из арестованных в июне студентов часть объявила себя с.-д.).

---

*) Статьи составлял Бер. Малкин давал информации ЦК. Бумагу мы таскали из наших учреждений и там же наши товарищи его печатали на машинках.

***

В ночь под 1922-ой год я выехал из Петрограда в Москву. Ночь была бессонная, и я имел возможность подвести итоги за год, начиная от нашей прошлогодней новогодней встречи в клубе «Вперед». В стране укреплял свои позиции нэп, а наряду с ним развивался голод. Большевики были политические банкроты, люди без морального авторитета. Наш политический и моральный авторитет стоял высоко. Но большевики держали в своих руках весь аппарат диктаторской государственной власти, мы на своих плечах и шеях обречены были выносить всю тяжесть диктатуры полицейского режима.

Вспоминая ту цену, которую мы платили за право называться партией «легальной оппозиции», я пришел к твердому выводу о неотвратимости «подполья», отдавая себе отчет в том, что подполье вовсе не означает переход к тактике свержения. Чем скорее мы покончим с состоянием сомнительной «легальности» и чем скорее подготовим переход партии на нелегальное положение — тем лучше будет. С этими мыслями и настроениями — в утро нового 1922 г. я вернулся в Москву и — легализовался.

Я рассчитывал, — и не обманулся, — что ныне, как и раньше, проделав весь церемониал обысков, засад, вызовов и т. д., Чека в конце концов махнет рукой на меня и перейдет к другим. Прошел ноябрь-декабрь, и я решил, что Чека поиски меня закончила, и я смогу спокойно вернуться домой и к работе. Впрочем, Чека была занята подготовкой к ссылке наших товарищей, и ей было не до меня, а спустя два дня в Бутырках набежала волна новых событий.

1922 год.

В течение двух месяцев ВЧК терзала нервы заключенных Бутырской тюрьмы, то объявляя о ссылке, то отменяя ее. Шести товарищам объявили о предстоящей ссылке в Туркестан и на Печору. Заключенные заявили, что добровольно в ссылку не пойдут. 23 декабря 1921 г. Уншлихт приехал в тюрьму и заявил, что конфликт «ликвидируется мирно» — члены ЦК и Г. Биншток будут высланы под надзор Чеки сроком на 2 года, а остальные на год. Место высылки по выбору высылаемых, — за исключением лишь фабрично-заводских пунктов.

Однако, 3-го января было объявленно постановление ВЧК о том, что все будут высланы в захолустные места 18 губерний, преимущественно в села — Пошехонского, Весьегорского, Сапожского и других уездов, без права селиться в уездных городах и в пунктах, лежащих на линии железных дорог. В ответ на это коллектив с.-д. Бутырской тюрьмы объявил с 12 часов 4-го января голодовку, требуя либо немедленного освобождения, либо предания суду.

О голодовке мы на воле узнали в тот же день. Мы очутились перед фактом, и вопрос о целесообразности ее не приходилось обсуждать, и никто из нас на воле не возражал против. И казалась она в сложившейся международной обстановке не безнадежной. Для большевиков голодовка была, повидимому, тоже неожиданной, и дело перешло в Политбюро. 7-го января вновь явились чекисты в тюрьму с новым предложением: ссылка в три глухих уездных города — Любим, Кашин и Коротояки и выезд желающих за границу. Повидимому, голодовка большевикам была неприятна, и им хочется поскорей закончить ее. Голодающие ответили мотивированным отказом принять эти условия и продолжали голодовку. Кончилась голодовка, после повторных наездов в тюрьму Уншлихта, 10-го января в пять часов вечера компромиссом: уездные три города заменены другими, — Великий Устюг, Северо-Двинск, Вятка. Всех освободили на 7 дней для устройства своих дел; представлено было право выезда за границу с семьей за счет государства.

82

Что могли мы на воле сделать во время голодовки?

Только одно, — дать ей возможно более широкий резонанс. И тут нам исключительно повезло: резонанс голодовка получила огромный, приковала к себе общественное мнение Европы, вызвала брожение в Москве, и все это в течение очень краткого времени. Так Заграничную Делегацию удалось оповестить о голодовке 5-го января телеграммой. Л. Ланде отправил отцу в Берлин телеграмму такого содержания: «Передайте Бройдо, что Гурвич, Липкин с семейством буквально голодают. Предстоит дальняя поездка. Необходимо немедленно откликнуться»*). Получив эту телеграмму, Е. Л. Бройдо без труда подставила вместо паспортных фамилий — общеизвестные псевдонимы: Дана и Череванина и смысл телеграммы стал ясен. В органе Независимых с.-д. «Фрайхайт» появилась статья, подхваченная всей прессой. В это время в Лейпциге происходил съезд германской Независимой с.-д. партии, на котором выступал Абрамович. Его сообщение о голодовке вызвало бурю негодования**). То же произошло на съезде Латышской с.-д. партии в Риге, где выступал С. Д. Щупак. Французская социалистическая партия отправила телеграмму-протест Красину.

Таким образом благодаря счастливой мысли Л. Ланде, удалось своевременно осведомить о голодовке заграницу.

ЦК и МК немедленно же выпустили прокламацию, которая была неплохо распространена по Москве. Напечатана она была в количестве 2.000 экземпляров, из них было расклеено 300. Появление прокламации и поднятый шум вокруг голодовки очень взволновали правящие круги, и Каменев сказал Югову: «Мы вынуждены будем вас всех арестовать». Доброжелатели сообщили нам, что есть приказ ВЧК об аресте всех нас — «под метелку», но вопрос был направлен в высшие сферы, — в Политбюро. Политбюро нашло момент для ареста неподходящим. После Бутырской голодовки первым вышел из тюрьмы Ф. И. Дан, который был в тот же вечер доставлен на автомобиле Уншлихта из Бутырок домой. Случайно я и Югов, только что бывшие у Ежова, с которым Дан жил на одной квартире, вышли из подъезда в момент, когда автомобиль подъехал. Мы потащили наверх тюремный скарб Дана, сам он легко подымался по лестнице, как будто ему не шел шестой десяток, и он только что не проделал шестидневной голодов-

---

*) Загр. Делегация поняла слово «семейством» так, что голодают не только меньшевики, но все социалисты и анархисты, и в таком виде это было опубликовано. На Лейпцигском съезде Независимых с. д. Абрамович говорил о 250 голодающих. Это была невольная ошибка.

**) Мы получили две открытки со съезда с приветствиями. Одна из них сохранилась в архиве партии.

ки. Большинство заключенных ушло только на следующее утро из Бутырок, а Юдин и Череванин еще два дня оставались там, чтобы «собраться с силами».

Появилась теперь новая забота — снаряжение в путь-дорогу ссыльных, большинство которых шло в Вятку, Вологду, Северо-Двинск и т. д. Лишь немногие воспользовались предоставленным правом выезда за границу, но и воспольвавшиеся этим добытым голодовкой правом, чуть было не лишились этого права. Дело в том, что ВЧК не удалось получить в недельный срок нужных виз для высылаемых за границу. Меж тем приближался срок новых выборов в Московский Совет, и власти не хотели мириться с мыслью, что к этому времени «опасный элемент» еще не оставит столицы. И когда спустя 10 дней после освобождения оказалось, что виз еще нет, то ВЧК решила этот вопрос по-чекистски: 20 января все получили повестки ВЧК с сообщением об отказе Латвии в визе и с «предложением» немедленно явиться для отправки в Вятку и другие места ссылки. Никто не явился. Тогда начались аресты только что освобожденных: были взяты Дан, Николаевский, Грюнвальд, а так как остальные заграничники скрылись, то арест постиг и остальных, которые должны были свободно выехать к месту своей ссылки. В Москве успели скрыться из заграничников: Шварц, Аронсон, Литкенс, А. Каплан. Скрывались они до 27-го января, пока латвийская виза не была Чекой получена. В этот день они подали заявление, в котором объяснили причину своего уклонения от ареста, и сообщили что «больше не считают нужным скрываться». 28-го января все они явились в ВЧК к следователю Рамишевскому и были арестованы, а спустя несколько дней все они (сперва Дан, Николаевский и Евг. Грюнвальд, а затем остальные) были доставлены на вокзал, посажены в вагон. Им вручили каждому по 13 долларов, заграничный паспорт, и все были отправлены в Латвию. Собиравшийся за границу С. С. Цейтлин был арестован в Витебске, куда он поехал, с разрешения ВЧК, устроить свои дела, заболел в тюрьме тифом, и за границу его уже не выпустили, а вместо этого сослали в Вологду, откуда он, по окончании ссылки, был отправлен на Соловки. Дополнительно выехали еще за границу Юдин и Стойлов.

Так появилась у нас новая невольная эмиграция. Вопрос о выезде за границу оказался для нас острым вопросом. Наши товарищи уже год сидели в тюрьме, перенесли 1-2 голодовки, насильственный развоз, пережили все материальные и моральные мытарства четырехлетнего владычества большевиков, и немудрено поэтому, что при общем упадке общественного и рабочего движения, людей потянуло за границу, на свежий воздух, как из закупоренной бутылки. Перспектива ближайшего будущего в России была мало привлекательна, — хотя характерно, что большинство уезжавших были уверены в том, что не пройдет и года, как все они вернутся. 8 дней, которые товарищи провели после голодовки на воле, были, разумеется, использованы для того, чтобы после почти годичного перерыва собрать пленум ЦК для решения всех организационных вопросов, вызываемых отъездом части ЦК за границу. ЦК собрался на 2-ом Ильинском переулке. Присутствовало на заседании человек 20, и кроме членов ЦК здесь были Шварц, Аронсон, Рашковский, А. Малкин, Люкс и др. На этом многолюдном и последнем пленуме ЦК обсуждались: вопрос об отъезде за границу и вопрос о ЦК. Многие весьма отрицательно относились к мысли об отъезде за границу и склонны были рассматривать его почти, как «бегство с поля битвы». Вопрос о ЦК приобретал большую остроту, — раз состав его в связи с отъездом таял. У уезжающих было желание перенести партийный центр за границу, но ... но мы боролись за легальность и должны были сохранить в России ЦК. К тому же, оставление России Центральным Комитетом имело бы разлагающее влияние на наши организации.

Заявление Дана о своем категорическом решении ехать за границу не вызвало возражений. Единогласно было постановлено, что Дан командируется ЦК за границу в состав Заграничной Делегации. Но заявления Шварца, Николаевского и др. о желании ехать за границу вызвали возражения. Череванин, получивший резолюцию: «ЦК не встречает препятствий к его отъезду за границу», — не воспользовался разрешением. Николаевский обещал объехать вокруг света, побывать на Дальнем Востоке, и — «в порядке обмена» прислать вместо себя оттуда члена ЦК Ахматова, — тоже получил разрешение на поездку за границу*). Но в общем на заседании ЦК господствовало тяжелое настроение. Возникла какая-то грань между «россиянами» и «заграничниками», а рьяный «россиянин» Гонигберг даже покинул заседание, хлопнув из протеста дверью. В конце концов разрешение ехать за границу получили все, кто этого добивался. По вопросу о составе ЦК было решено, что в России остается действовать ЦК в том составе, в котором он фактически функционировал до того. Прибавился только Ежов.

Ежов был освобожден по болезни накануне голодовки в Бутырках — 27 декабря. Его участие в деятельности ЦК было очень ценно. 21 января Ежов отправился в ВЧК за справкой, — куда пошлют арестованного 20 января Дана, за границу или в Вятку. По

---

*) Юдин сперва предполагал остаться в России. Но вопрос об отъезде Юдина и Аронсона подлежал компетенции ЦК Бунда.

выходе из ВЧК он у подъезда был задержан чекистом, предъявившим ему ордер на «арест меньшевиков, уклоняющихся от ссылки» — (без всякой фамилии).

Никакие резоны не помогли, он был отправлен в подвал, а 23 января ему объявили постановление президиума о ссылке — по его выбору — за границу или в Вятку. Семь дней после этого он просидел в ВЧК, а 30 января его освободили с обязательством явиться через 7 дней предоставленных для улаживания личных дел. Однако переименование ВЧК в ГПУ, а затем переговоры Коминтерна со 2-ым Интернационалом и Венским Объединением под лозунгом «единого фронта» (т. н. Конференция трех Интернационалов в Берлине) дали возможность Ежову оставаться на воле до 24 апреля. В этот день его утром арестовали и объявили ему о высылке в Вятку. Он в ответ начал голодовку, требуя замены места ссылки. Но времена были уже не те. 26 апреля под утро С. О. Ежова отправили под конвоем без вещей и без денег в Вятку.

Итак, ссылка, только недавно казавшаяся чем то невероятным, стала фактом. Фактом стала и наша эмиграция. ЦК принял резолюцию протеста против возобновления института ссылки, которая была опубликована в «Соц. Вестнике» (№ 5 1922).

Жизнь положительно не давала нам ни отдыху, ни сроку. 11 января умер М. Александров*) старый член партии, скромный и молчаливый человек. Его арестовали 25 февраля 1921 г. в клубе «Вперед», затем вывезли в Орел, где он участвовал в восьмидневной голодовке. Затем его вернули в Москву и посадили в Таганку во время тифозной эпидемии там. Последствием был тиф, освобождение и смерть**).

12 января арестовали нашего товарища, доктора Филица. Арест этот вызвал у нас подозрение главным образом потому, что ему было предъявлено обвинение в предоставлении квартиры под заседания Московского Комитета. Еще летом 1921 года, когда я входил в МК, я бывал на этих заседаниях на квартире тов. Филица, но это было давно. Откуда же это теперь известно Чеке? Напрашивалась невольно мысль о провокации. В это не верилось. Однако, информатора установить оказалось нетрудно: это был железнодорожный рабочий Кудряшев, арестованный в декабре и преданный суду Ревтрибунала. Кудряшева в свою очередь выдал рабочий Челышев. Мы снарядили комиссию, которая без всякого труда установила эти факты. Челышев не явился

---

*) После 1905 года М. Александров был издателем серии работ меньшевиков В. Громана, В. Маевского и др.
**) В тюрьме заболел тифом также член ЦК Бунда И. Светицкий.

на вызов комиссии, а Кудряшев пришел и лепетал о том, «что раз партия легальна, то чего скрывать?»... Его исключили из партии, но он продолжал присылать нам письма, которые производили очень тяжелое впечатление.

Раз провокация у нас завелась — стало быть, большевики за нами охотятся. «Внутреннее освещение», повидимому, было среди нашей молодежи. По крайней мере арестовывались все назначаемые Московским Комитетом в Союз молодежи представители: А. Малкин, А. Стойлов, И. Кушин и др. Были случаи, когда чекисты появлялись на квартире собрания молодежи задолго до начала собрания. Наконец, однажды пришли к тов. Б. и без обыска забрали пишущую машинку, одну из немногих, обслуживавших нас. Все это было подозрительно. Подозрение пало на молодого рабочего Б. Никаких данных не было. Судить его оказалось невозможным, но под разными предлогами его отстранили от работы.

Выборы в Московский Совет начались 23 января и длились неделю. Легко себе представить, сколько внимания могли мы уделить этим выборам, происходившим в дни новых арестов и высылок. Но именно в этот момент появились сомнения, следует ли нам участвовать в выборах; впервые раздались голоса, что при данных условиях теряется всякий смысл нашего участия. Противники участия (к ним принадлежал и я) указывали, что выборы происходят в момент усиленных против нас репрессий, ничем не вызываемых и неоправдываемых; наше участие сведется к выступлению на десятке собраний и к тому, что мы проведем — 2-3 депутатов. Результат — ничтожен, а между тем наше участие в выборах дает большевикам формальное право говорить о предвыборной борьбе и о нашем «поражении». Кроме того мы обнаружим наших сторонников и оставим их без защиты перед лицом Чеки*).

---

*) Для характеристики Московского Совета нелишним будет привести следующий случай. После долгого перерыва Каменев решил собрать Совет. Составили «деловой» порядок дня: отчеты МОНО, МОСКВОТОПА, МПО, — отчеты бездарные и нудные. Члены Совета, вдосталь проскучав, стали расходиться. Каменев бросал в сторону нашей группы оппозиции умоляющие взоры, но мы упорно молчали. В громадном Колонном зале Дома Союзов осталось человек 150, и президиум не на шутку опасался, что скоро он останется в пустой зале. Надоело, наконец, и нам, и я с Гонигбергом тоже пошли к выходу, но в коридоре нам преградили дорогу два солдата с ружьями. Я запротестовал. Появился комиссар и умолял остаться, ссылаясь на приказ Каменева никого не выпускать. «Значит, я арестован?» — «Что вы, что вы! Вы только не можете уйти до конца заседания». Я заявил, что если меня сейчас же не выпустят, то я считаю себя арестованным и тут же подыму скандал. Комиссар сбегал к Каменеву и вернулся с новой резолюцией: меньшевиков не задерживать.

Сторонники участия возражали, что наша партия не может добровольно устраниться от выборов в Совет, и что мы должны использовать каждую возможность легального проявления. Течение легалистов победило и Московский Комитет вступил в избирательную борьбу. «Усовершенствовался» и выборный аппарат большевиков. Если в апреле 1921 года большевики из чекистов создали «отдельный корпус избирателей», который не давал нам выступать на собраниях*), то теперь от нас скрывали место и время избирательных собраний. После всех этих издевок непостижимо каким образом 5 с.-д. все же прошли в депутаты Совета Москвы. Гонигберг, Девяткин и еще кто-то. В этой избирательной борьбе я не участвовал. ЦК решил меня «законспирировать» в силу моих функций. Это было разумно: большевики, привыкшие видеть меня среди первых драчунов, поняли мое отсутствие, как отход от работы вообще. Организация поступила правильно, скрыв резерв своих сил. Кроме меня, еще несколько товарищей устранились от участия в этой кампании.

Наш Московский Комитет выпустил листок «После перевыборов» (Итоги комедии). Дан и другие уехали за границу. Стало тихо, как после бури, и ЦК мог приступить к подведению итогов. Помню: однажды возвращаясь с Рубиным после заседания ЦК, он вдруг сказал: «А заметили ли Вы, что мы уже год живем без признанных вождей партии?.. Уже год ‚самоуправляемся’»... Уже год мы бьемся с Голиафом за существование партии, за ее легальность. Удалась ли эта задача горсточке людей? Сохранилась ли наша организация? Удалось ли отстоять политическую линию партии, тактику и стратегию Мартова? Удержать связь с Заграничной Делегацией и «Социалистическим Вестником»? Сохранить моральный авторитет партии? Самым объективным образом на эти вопросы можно ответить утвердительно. Таковы были наши итоги, мы не видели основания унывать и бодро принялись за продолжение нашего дела.

---

*) Хорошо помню сцену в 1921 г. на предвыборном собрании в Колонном зале Дома Союзов. Выступал Дыбенко, после победы в Кронштадте награжденный огромным орденом Красного Знамени, красовавшимся на его могучей груди. Он счел необходимым уничтожить своего оппонента загодя, авансом: а потому указуя на меня перстом, кричал с налитыми кровью глазами: «смотрите на него. Он поджигал нас в Кронштадте, он стрелял в нас» и т. д. Каждая фраза сопровождалась ревом «отдельного корпуса». Когда я получил слово, я успел только сказать: «Вы слышали здесь блестящего представителя советской мускулатуры и отсутствия мозгов».... Поднялся дикий рев и говорить было невозможно.

⁂

У большевиков в это время появились «мясниковцы». Мясников, старый рабочий большевик, прошедший царскую каторгу, участник октября, лично застреливший в. к. Михаила Александровича, проделавший эпоху «военного коммунизма» и услышавший сейчас окрик «осади назад» — взбунтовался против своей партии и . . . заговорил. Был он в это время на Урале, в Мотовилихе, откуда его поспешно убрали. Петроград, куда он приехал, с его массовыми забастовками начала 1921 года, — потом Кронштадт, его окончательно протрезвили. Мясников заговорил, Зиновьев пригрозил ему исключением из партии. Мясников выпустил брошюру*), в которой разнес чекистские нравы, царящие в РКП. Ответил ему Ленин. На этот ответ последовал новый выпад Мясникова Его исключили из партии, и мясниковцы ушли в подполье. Так появилась «Рабочая Группа» в РКП**). Нэп она расшифровала по своему: «Новая Эксплуатация Пролетариата».

Появление подпольной большевистской организации явилось для большевиков исключительной неожиданностью. В Особом Отделе ВЧК появилось новое секретное отделение, — коммунистическое. На страницах большевистской печати замелькали давно забытые слова: «защита интересов пролетариата», «рабочая демократия», «свобода слова для коммунистов» и т. д. Голод 21 года, агония промышленности, безработица и кронштадтское восстание вызвали бурю в ВКП. Но эта буря оказалась бурей в стакане воды. Трон Политбюро не поколебался, но все же слова из брошюры Мясникова взволновали большевистскую среду. В Москве, Петрограде, на Урале, на всех фабриках и заводах сейчас самое острое недоверие к коммунистам. Собираются беспартийные в цеху группами, в их среде меньшевики и эсеры ведут разговоры; как только увидят, что подходит коммунист, они или расходятся или меняют разговор. Что это такое? Ижорский завод во время забастовки выгоняет со своего митинга всех коммунистов, в том

_____

*) См. «Соц. Вестн.» №4-26 — «Замечательный документ».
**) До того, осенью 1921 г. появилась в РКП еще одна нелегальная группа «Рабочая Правда», во главе с Богдановым, а в марте 1922 г. был исключен из партии сотоварищ Мясникова — Кузнецов в связи с «Воззванием 22-х к Исполкому Коминтерна».

числе и работающих на заводе. Рабочий класс отгородил себя непроницаемой стеной от коммунистической партии, и коммунисты об этом не знают, как некогда не знали шпики. Их рабочие зовут не комячейкой, а «комлазейкой». Так писал испытанный старый большевик рабочий Мясников.

К Мясникову присоединились одиночки и даже организации РКП (Мотивилихинская).

Между тем в другом углу РКП шла борьба между профессионалистами и хозяйственниками. Противоречия нэпа становились все резче, все острее. Положение рабочих при хозрасчете ухудшилось. Общее экономическое положение страны очень трудное: голод, безработица, расстройство финансов, задержки с выплатой рабочим зарплаты, доходящие до 2-3 месяцев, чудовищный рост цен (до 300-400% в месяц) и обесценение денег. Рабочие волнения — «волынки» — (по терминологии Зиновьева), брожение, забастовки. В Москве на стачки (трест «Техноткань») красные директора ответили локаутом. Рабочие волнения на Урале, в Петрограде (зав. Розенкранца), на Колчугинском заводе, в Коломне, в Донбассе, — где положение стало очень напряженным. В Мальцевском районе на Людинском заводе вспыхнули беспорядки. Был убит кто-то из высшей администрации, — и в ответ были убиты 8 рабочих. Тогда забастовал весь Мальцевский район, и беспорядки приняли такие размеры, что в Москве была прекращена почти в течение недели отправка поездов на Смоленск и Брянск.

Под давлением рабочих профессионалисты вдруг вспомнили, что призваны защищать интересы рабочих и провели в ЦК РКП тезисы с признанием «добровольности» членства*), отказом от максимума зарплаты, коллективными договорами и т. д. На сцене появился опальный Томский. И тотчас же всполошились «красные» директора трестов и заводов, заявившие, что предприятия не могут выдержать зарплаты с учетом прожиточного минимума и с своей стороны потребовали повышения производительности труда. Началась всеобщая перепалка: профессионалисты грозили забастовками, хозяйственники заговорили о локаутах.

Все это так подействовало на большевистских рабочих, что среди них прозвучали голоса, обращенные к нашим рабочим, — не пора ли образовать новую рабочую партию из меньшевиков и старых большевиков.

Власти настолько растерялись, что не решились даже устроить обычный парад в честь приехавшей с транспортом продовольствия делегации «Амстердама». Их никуда не водили, ничего им

---

*) «Добровольность» эта практически свелась к тому, что либо ступай в союз, либо иди за ворота.

не показывали, а когда «шейдемановец» Штром и «независимец» Карл Фольмергауз (написавший впоследствии в № 6-28 «Соц. Вестника» статью «Что я видел») выразили желание побывать на металлургическом заводе, то это вызвало переполох среди большевиков. Звонили Мельничанскому, Лозовскому, шли затяжные разговоры. Переполох этот понятен, ибо именно среди металлистов шло тогда сильное брожение. Даже ЦК союза металлистов примыкал к группе «рабочей оппозиции», во главе со Шляпниковым. На Всероссийском съезде союза металлистов оппозиция провалила всех официальных кандидатов. Приезжал Ленин, увещевал, грозил исключением из партии, — не помогло. ЦК РКП наложил свое вето. Оппозиция апеллировала в Коминтерн — с жалобой на свою партию. Получился скандал, но, конечно, оппозиция ничего не добилась. Коминтерн жалобу отклонил, и ЦК союза был избран по списку партии, а строптивые были сосланы на окраины страны. Все это происходило на фоне голода и людоедства, о фактах которого было в печати. Сосновский — человек медного лба и каучуковой совести — вопил в «Правде»: «Пусть войдут в храмы и с амвона расскажут жуткую быль о людоедстве наших детей»...

5 февраля я отправил очередное письмо Загр. Делегации и почту для «Соц. Вестника» и в 11 часов вечера возвращался домой, когда, завернув в свой переулок, почувствовал близкую опасность. Действительно, у дома стояли два шпика. В эту ночь было много обысков и арестов, преимущественно у эсеров. Был обыск и у меня, но меня дома не нашли. Хуже стало, когда спустя день ЧК прислала мне повестку с приглашением «явиться к десяти часам утра к следователю Колосовскому по вашему делу». Так как у меня с почтенным Колосовским никаких общих дел не было, а к тому-же я не принадлежал к тем добронравным меньшевикам, о которых Дзержинский сказал, что их можно арестовать по телефону, то, по получении повестки, я оказался в положении неудобном: явиться — риск ареста, не явиться — уход в подполье. Задача была мною разрешена иначе: я взял служебную командировку и уехал в Петроград, а повестка возвратилась в ЧК с пометкой, что вручена быть не может за моим отъездом из Москвы. Спустя два дня я получил новое приглашение, но и оно было возвращено. На этом ВЧК переименованная в эти дни в ГПУ, успокоилась. А числа 13—15 я вернулся в Москву и зажил по-прежнему. Я уже об этом методе упоминал, — об исчезновении с поверхности на неделю-другую, и ВЧК, типичная чиновничья организация, не найдя меня, на время успокаивается. Да и стоило ли искать меня, когда можно было черпать полными пригоршнями из имеющегося еще на воле запаса меньшевиков? Ведь мы все были легальны.

В Петрограде 10 товарищей объявили в тюрьме голодовку, требуя освобождения. Через 6 дней их, к собственному их удивлению, освободили. Однако, руководители нашей местной организации: Назарьев, Каминский, Мандельштам и др. продолжали сидеть.

15 февраля ЧК предприняла новый набег, главным образом на нашу молодежь. Почти за два года своего существования Союз с.-д. молодежи значительно окреп и закалился. Члены Московской группы союза проделали опыт Бутырок, насильственного развоза, голодовки в Орле и т. д. Во многих городах образовались группы молодежи, а Одесская группа проявила большую активность, выдвинула ряд видных борцов, в том числе Николая Трегера, имя которого, несмотря на его молодость, уже приобрело известность в нашей среде.

Московская группа молодежи, насчитывающая ряд видных деятелей и имевшая уже своих «ветеранов», собралась на новогоднюю встречу, подвела итоги своей деятельности и вновь присягнула на верность партии (см. Приветствие «Соц. Вестника», № 4-26). Представители Союза с успехом выступали на созываемых большевиками беспартийных конференциях рабочей молодежи. Обыски, аресты, допросы, запугивания, гнусные предложения, — все пускалось в ход ЧК. Но безрезультатно. При аресте 15 февраля было взято до 20 человек молодежи, часть была отпущена, но лучшие наши молодые товарищи: Л. Гурвич, А. Зимин, Н. Зингаревич, А. Кранихфельд, И. Рапипорт, Б. Сапир, Д. Фальк, Л. Якобсон и др. были отправлены во внутренюю тюрьму ВЧК. Молодежь немедленно объявила голодовку, требуя перевода в Бутырки. Через 4 дня они добились книг, а затем и перевода на «нормальный» тюремный режим.

Лишившись руководящего ядра, Союз все же продолжал свою работу на воле, выступая на заводах, распространяя листовки и т. д. Значительная доля энергии особого отдела ВЧК продолжала уходить на борьбу с меньшевиками.

Но оказалось, что наша деятельность кое-где проникает и в деревню. В Бежецком уезде Тверской губернии кооператор М. Д. Шишкин, член Учредительного Собрания от Олонецкой губернии, был избран председателем уездного съезда Советов беспартийными крестьянами. Раз так, то съезд должен был избрать свой Исполком, свою уездную власть, и Бежецкий уезд грозил стать «меньшевистской республикой». Съезд, как сказано в его резолюции, — добровольно отказался от своего права — «пока в стране отсутствуют гражданские свободы».

Большевики не могли простить этого Шишкину, который с той поры вынужден был скрыться.

***

Обыски и аресты, аресты и обыски ... Ко всему этому мы уже давно привыкли. Это было постоянным фоном нашей работы. Конечно, пришлось усилить конспиративность этой работы. Мы старались поменьше говорить по телефону и не назначали заседаний на квартирах членов ЦК, — захватив у МК квартиру для заседаний в Леонтьевском переулке. Оказалось однако, что частое пользование одной и той же квартирой привело к ее провалу. Пришлось перекочевать в другое место.

В эту приблизительно пору ЦК пригласил впервые платного технического секретаря, чтобы поддерживать живую связь между нами. Секретарем этим была Н. Д., кандидатуру которой выдвинул Ежов. Секретарь находил нам квартиры для заседаний, обслуживал склад «Соц. Вестника», разносил литературу, собирал нужные нам материалы и т. д. Действующий состав ЦК к этому времени оказался довольно многочисленный: Б. Бер, Б. Двинов, С. Ежов, А. Малкин, С. Кац, А. Плесков, И. Рубин, А. Югов. Но половина членов ЦК была нездорова. В письме от 19 февраля к Ю. О. Мартову Ежов писал: «У нас все кряхтят: плох Югов, который с трудом работает, медленно поправляется Плесков, в последнее время все болеет (сильно истощен) Бер. О Рубине и говорить нечего.» К этому списку хворых должен добавить и Ежова, которому требовалось длительное лечение и отдых, и часто болевшего Каца. Все мы были нервны, раздражительны, вспыльчивы. Тем не менее заседания ЦК созывались часто и были весьма длительны*). Чем занимался ЦК? Какие вопросы он обсуждал? Помимо вопросов текущего характера, переписки с З. Д. и транспорта «С. В.», заботы об арестованных и ссыльных, поддерживания связи с местами и т. д., ЦК старался не выпускать из рук политического и идеологического руководства.

---

*) В этот период в составе ЦК числился еще В. Г. Громан, но заседания он не посещал, а вскоре подал заявление о выходе из партии. Мотивировка ухода следующая: Громан пришел к убеждению о необходимости пересмотра основ марксизма. Делать это, состоя членом партии, с которой он связан 25 лет, он не может. Он хочет иметь свободные руки. В необходимости ухода убедил его Череванин, его личный друг, который, выслушав его сомнения, воскликнул: «Ты перестал быть марксистом» ...

Вот приблизительный список политических вопросов, которые стояли в порядке дня заседаний ЦК в феврале-марте: 1. Вопрос о разных выступлениях за границей наших товарищей. 2. О комитете членов Учредительного Собрания, возникшем в Париже. 3. О русском вопросе на Генуэзской конференции. 4. О «едином фронте». 5. О платформе партии. 6. О внешней политике большевиков. 7. О Дальневосточной республике. 8. О процессе эсеров.

Кроме того, перед нами стояло множество организационных вопросов. Одним из них был вопрос о пополнении состава ЦК, внесенный Главным Комитетом на Украине через своего представителя приехавшего в Москву (М.Н.Г.). После долгих прений был введен в состав «советников» при ЦК А. Б. Романов.

С ЗД шли оживленные сношения. Обычно писал от имени ЗД Далин, впоследствии замененный Николаевским. По специальным вопросам писали Мартов и Абрамович. ЦК требовал от всех организаций систематической посылки корреспонденций в «С. В.». Обсудив характер «С. В.» и вновь одобрив его, ЦК выразил весьма настойчивое пожелание, чтобы в журнале был полнее поставлен иностранный отдел: освещалась жизнь социалистических партий, деятельность Интернационалов и работа профессионального движения.

Большинство местных организаций были разгромлены ЧК, терроризованы и лишены возможности что-либо делать, пользуясь привилегией легальности. За февраль-март ЦК разослал по организациям два письма: одно, разъясняющее наше отношение к отъезду членов партии за границу и второе, посвященное деятельности местных организаций. Последнее письмо было подготовлено специальной комиссией, выделенной ЦК.

В январе приехал в Москву член Дальневосточного Бюро нашей партии Люкс, он же министр по национальным делам республики. Приехал он во главе делегации с продовольствием для голодающей России и был поражен тем, что увидел. Там в Чите еще с тремя меньшевиками он входил в состав коалиционного с большевиками правительства, возглавлявшегося Краснощековым и Никаноровым, здесь большевики сидят в Кремле, а наши почти все в Бутырках. Он послал письмо Каменеву по поводу этого противоречия, но ответа не получил. Из доклада Люкса, состоявшегося на нелегальном заседании, ЦК впервые узнал, что наши товарищи делают в правительстве Дальнего Востока. Впрочем, вернулся Люкс в ДВР уже не министром, так как большевики взорвали там коалицию.

Нам пришлось в ЦК обсуждать вопрос и о П. Б. Аксельроде. То обстоятельство, что П. Б. за границей оказался вне руководя-

94

щих учреждений партии, вследствие расхождений с партийным большинством, было досадно всему ЦК не менее, надо думать, чем самому П. Б. Это было нам особенно неприятно при той постоянной духовной связи с П. Б. Аксельродом, которая никогда ни у кого из ЦК с ним не прерывалась. Поэтому с большой радостью было воспринято сообщение Мартова, что П. Б. благополучно перенес операцию. Приветствие ЦК появилось в «Соц. Вестнике» (№ 6-28).

ЦК однако, не собирался затушевывать свои принципиальные и тактические расхождения с Аксельродом. Поэтому когда в печати появились сведения о телеграмме П. Б. к Вандервельде, то ЦК, очень недовольный этим (большевики подняли вокруг этой телеграммы изрядный шум), как и выступлением Д. Ю. Далина на берлинском митинге эсеров, кстати, давшим возможность «Голосу России» и С. Ивановичу заявить, что представитель Загран. Делегации высказался за коалицию с Милюковым, — счел нужным вопросы эти тщательно обсудить. Вскоре Далин отгородился от эсеров и Ивановича в статье «Канитель» («Соц. Вест.» № 2-24), а ЦК обратился с просьбой к Загр. Делегации «принять меры к более согласованным выступлениям товарищей, как членов Делегации, так и вне ее стоящих, а в необходимых случаях постфактум должным образом реагировать на них».

В это время вопрос о признании Советской России правительствами буржуазной Европы вступил в новую фазу. Непризнание порождало интервенцию, блокаду, гражданскую войну, — что большевики использовали в своих интересах для оправдания террора и в объяснение провалов своей экономической политики. Наша партия с самого начала октябрьского переворота отвергала интервенцию, выступала против вооруженных восстаний и требовала восстановления с большевистским правительством нормальных дипломатических отношений. Именно в этом пункте наша партия была изолирована. Все остальные антибольшевистские группы были против признания советской России, — фактически также и эсеры. И вот наступила новая фаза в этом вопросе: близилась Генуэзская конференция, на которой вопрос о признании должен быть разрешен. Белая эмиграция взволновалась. Комитет Учредительного Собрания направил в Америку Милюкова и Авксентьева, чтобы хлопотать от имени русской демократии о непризнании.

«Соц. Вестнику» приходилось не раз возвращаться к этому вопросу, особенно в замечательных статьях Ю. О. Мартова. ЦК считал, что по вопросу о признании и в частности с протестом против деятельности Милюкова и Авксентьева должен раздаться голос из самой России, подчеркивающий свою солидарность с

«Соц. Вестником» и Загр. Делегацией. Этот «протест ЦК РСДРП» от 16 февраля был опубликован в «Соц. Вестнике» (№ 6-28). ЦК требовал в нем «немедленного полного и безусловного признания советского правительства, и к борьбе за такое признание ЦК РСДРП, — партии оппозиции большевистской власти, призывает всех социалистов, всех честных демократов Западной Европы и Америки».

В том же заседании от 16 февраля ЦК принял еще одно обширное воззвание «Ко всем социалистическим партиям и рабочим организациям» от имени ЦК РСДРП и ЦК Бунда, которое опубликовано в № 5-27 «С. В.» Обращение это (кажется, написано оно было Бером, хотя не вызвало в ЦК возражений) требует от всех социалистических партий активной поддержки признания советской власти, необходимого не только во имя русской революции, но и «во имя всеобщего мира, во имя возрождения разоренных народов Европы, во имя интересов трудящихся всего мира». Это обращение грешило не только торжественностью стиля и гиперболической формулировкой, но оно опускало другую сторону двуединой тактики нашей партии, — ее резкую критику внешней и внутренней политики большевиков.

Обращение ЦК было переслано в Наркоминдел для передачи по радио нашей З. Д., что Чичерин любезно и сделал. По-видимому, Мартова это покоробило. Он прислал ЦК письмо, в котором деликатно разъяснял, что не всегда можно требовать активных выступлений на Западе, что ореол русской революции сейчас значительно померк и что нельзя призывать европейских рабочих активно бороться за признание советской России. Затем отсутствие критики большевиков в обращении ЦК и передача такого документа через Наркоминдел могут исказить нашу политическую линию. Словом, Ю. О. нас «разнес». Все почувствовали, что он прав и что столь ответственное выступление ЦК оказалось мало удачным.

Итак, ЦК в России, а ЗД и «С. В.» за границей вели кампанию за признание советской власти. Большевики были рады нашему выступлению. В ожидании признания и кредитов в Европе у них самих глаза на лоб лезли, и они стали принимать меры, чтобы приличнее выглядеть в Генуе. Для этого они и переименовали ВЧК в ГПУ. ГПУ должно было действовать не по произволу, а на основании «законов». Разумеется, все это было на бумаге, и мы в этом убеждались на повседневном печальном опыте. В это время, например, было запрещено ссыльным в Вятке занимать должности не свыше счетовода или делопроизводителя. ЦК направил ряд протестов, написанных в резких тонах и оставленных без последствий («С. В.» № 9—31). С. О. Ежов пришел с протестом к секретарю ВЦИК — Енукидзе. Высокий сановник заявил Ежову, что ЧК дан срок для ликвидации всех дел до 1 апреля, — после чего начинается эра ГПУ, — эра «законности». Как констатировал в своем письме Ежов, «никакой устойчивости в политике» не наблюдается . . .

23 февраля ЦК принял резолюцию об отказе при арестах от показаний (см. «С. В.» № 6-28) «в целях борьбы с практикой административного произвола — непредъявления конкретного обвинения». «Члены РСДРП на допросах заявляют лишь о своей принадлежности к партии, дают необходимое сведения личного характера (имя, возраст и т. д.), затем от ответа на какие-либо дальнейшие вопросы отказываются, заявляя о намерении давать объяснения лишь при направлении дела в судебном порядке и предъявлении определенно и точно формулированного обвинения».

Доводя об этом до сведения членов партии, ЦК требует неуклонного выполнения этого постановления. Мы хотели заставить большевиков сводить с нами счеты в суде, хотя бы в «революционном трибунале», — в суде шемякином, партийном. Ни один меньшевик за последние годы не предавался суду: большевики предпочитали методы расправы ВЧК-ГПУ.

***

ЦК в это время приступил к выработке резолюции по внутренней и внешней политике и об едином фронте. При ЦК была также организована комиссия по профессиональному рабочему движению (Девяткин, Гонигберг, Романов, Штульман и др. Представителем ЦК в ней был, кажется, Рубин). Комиссия подготовила тезисы об общих задачах профессионального движения, о политике с.-д. в профсоюзах, по тарифному и организационному вопросу. Все эти резолюции ЦК отсылал за границу для обсуждения. ЦК считал, что он в силах справиться с вопросами профдвижения, но по вопросу об общей платформе он, разумеется, отдавал себе отчет в преимуществах З. Д., а потому в заседании от 23 февраля ЦК единогласно постановил просить З. Д. составить проект тезисов, намечающих политическую линию партии и ее задачи в переживаемый Россией период.

Я упоминал уже, что в связи с вопросом о признании ЦК послал ЗД свою резолюцию о внешней политике. Среди членов ЦК были расхождения по вопросу, следует ли критиковать, да еще резко, международную политику большевиков, но не было никого, кто считал бы эту политику большевиков правильной. Меж тем Д. Далин, который отстаивал тогда в ЗД особое мнение, истолковал отсутствие в обращении ЦК о Генуе критики внешней политики советской власти, как признак солидарности с ним в этом вопросе, и прислал в ЦК в этом духе письмо. Вопрос пришлось обсудить в ЦК и еще раз отгородиться от большевистской азиатчины во внешней политике.

В это время, по инициативе ЗД, возник перед нами и ряд организационных вопросов. Эти вопросы касались взаимоотношений между русской и заграничной коллегиями, состава Заграничной Делегации и вопроса об объявлении «С. В.» — центральным органом партии. По всем этим вопросам ЦК расходился с ЗД.

После долгих прений ЦК подтвердил свое твердое решение, что, независимо от того, как фактически распределяются сейчас руководящие силы партии (ЦК отдавал себе отчет, что вожди партии находятся за границей), Центральным Комитетом является коллегия, действующая в России. В ту пору мы отрицательно относились к перенесению партийного центра за границу, как и к эмиграции вообще.

Бурными были и прения о составе Заграничной Делегации. До отъезда за границу Ф. И. Дана и др. ЗД состояла из Ю. О. Мартова и Р. А. Абрамовича. Теперь же ЦК полагал, что к ним прибавляется третий — Ф. И. Дан, т. е. те, которые были командированы ЦК за границу. В связи с приездом других товарищей за границу, вопрос о составе ЗД встал в новой форме, и там, во избежание неудобств, пришлось образовать более обширную коллегию из всех находящихся за границей членов ЦК. Помимо основной тройки в ЗД вошли Д. Ю. Далин, Е. Л. Бройдо и Б. И. Николаевский. Эту коллегию ЗД просила утвердить, прибавив еще один пункт общего порядка, гласивший, что каждый член ЦК, приезжающий за границу, входит в состав ЗД. С этим ЦК не был согласен, полагая, что расширение состава ЗД только ослабит ее авторитет. На этом особенно настаивал Ежов, считавший, что членами ЗД могут быть только товарищи, для того делегированные.

Большинство ЦК, хотя и склонялось к этой точке зрения, отвергло ее, исходя из следующих мотивов: 1. Члены ЦК, устраненные из ЗД, фактически оказались бы непричастны к партийной работе за границей; 2. Против их отъезда за границу ЦК не возражал; 3. Коллегия ЗД уже организовалась, и наш отвод поставит товарищей в чрезвычайно неудобное положение. Затем было решено: 1. Единогласно, — что автоматическое включение в ЗД каждого члена ЦК, приезжающего за границу, — недопустимо; 2. ЗД утверждается в составе: Мартов, Абрамович, Дан, Николаевский, Далин (принято большинством); 3. Е. Л. Бройдо права члена ЦК еще ранее утратила и в ЗД не входит; 4. Запросить ЗД, считает ли она необходимым участие Е. Бройдо в ЗД; 5. Просить Заграничную Делегацию впредь не ставить ЦК по такого рода вопросам перед уже принятыми решениями.

В ответ ЦК получил письмо от Ю. О. Мартова, в котором сообщалось, что все решения ЦК принимаются ЗД, но высказана была просьба об утверждении членом ЗД и Е. Л. Бройдо. ЦК с этим согласился, и только Ежов остался при особом мнении. Несколько позже, когда И. Л. Юдин уехал за границу, ЦК сообщил, что санкционирует его вхождение в состав ЗД.

Что касается «С. В.», то ЦК отверг предложение считать его центральным органом партии. При сложившихся условиях могла бы идти речь только о признании «С. В.» органом ЦК, но это создало бы впечатление, что центр партийного руководства переносится за границу, что партия становится «эмигрантской». Помимо того, как ни тесна связь ЦК с ЗД, всегда возможны выступления, за которые ЦК ответственность нести не может. Затем это может снизить значение и роль ЦК (письмо ЦК от 12 марта).

Было, впрочем, совершенно ясно, что ЗД стремилась закрепить за собой и «С. В.» идейное и политическое руководство. Добиваясь объявления «С. В.» центральным органом партии, ЗД выдвигала и специальные мотивы. Ведь «С. В.» является единственным, меньшевистским, регулярно выходящим и солидно поставленным органом, обеспеченным литературными силами и пользующимся общим признанием. Разнообразные противники партии — от «Руля» до «Зари» — полемически то и дело пишут о «С. В.», как органе Мартова, Абрамовича, Дана, — который вовсе не в праве говорить от имени партии. Для того, чтобы этих неудобств миновать, следует «С. В.» переименовать в ЦО. Доводы эти показались ЦК неубедительными, и ЦК решил сохранить и впредь «С. В.», как орган ЗД. Для того, чтобы ни у кого не могло быть сомнений в том, что ЦК и ЗД действует единодушно, ЦК воспользовался годовщиной «С. В.» и принял резолюцию, в которой, перечислив заслуги ЗД и «С. В.», — полностью солидаризовался с ними («С. В.» № 7-29). «С. В.» все же остался органом ЗД.

⁂

При всех расхождениях у нас с заграницей по организационным вопросам ЦК мог констатировать полное единомыслие с ЗД по всем важнейшим вопросам нашей партийно-политической жизни: 1. об едином фронте и 2. по поводу эсеровского процесса.

Лозунг единого пролетарского фронта был выдвинут Москвой, т. е. Коминтерном, в начале 1922 г. По существу лозунг этот совершенно противоречил всей предыдущей политике Коминтерна, направленной к расколу социалистического движения, к полной дезорганизации его рядов, разоблачавшей его вождей, как «лакеев империализма». Неожиданно Коминтерн выдвинул лозунг «единый фронт». Умысел тут был двоякий: во первых, в массах пролетариата Европы несомненно росла воля к единству, с чем приходилось считаться, а во вторых, положение большевистской власти было неустойчиво, необходимо было поскорее добиваться признания, договоров, займов, а ореол «социалистического отечества» с неудержимой быстротой все больше тускнел в глазах пролетариев Западной Европы. Надо было попробовать контрабандным путем подменить идею русской революции — большевистской властью и заставить социалистические партии послужить советской диктатуре.

Вряд ли серьезно Коминтерн думал об объединении с 2-м Интернационалом, когда Зиновьев и Радек держали речи об едином фронте. Да 2-й Интернационал умеренного реформизма не мечтал о браке с Коминтерном, и в ответ на лозунги единого фронта — только мрачно насупился. Но на сцену выступило Венское Объединение социалистических партий, которое вобрало в свои ряды революционно-марксистские партии Европы, вышедшие из 2-го Интернационала (Лондон), но не признававшие методов Третьего Интернационала (Москву). Венцы считали, что Интернационалом может быть только объединение ВСЕХ отрядов международного социалистического пролетариата, включая и Лондон, и Москву. «Вена» стремилась стать центром сплочения, как реформистского Второго, так и коммунистического Третьего Интернационала. Не исключена была возможность, что значительные части того или другого Интернационала действительно

101

пришли бы в «Вену». Однако события шли особым путем. По своему положению и по своим целям «Вена» не могла пройти мимо лозунга «единого фронта», и Ф. Адлер — секретарь Венского Бюро — с неутомимой энергией принялся за дело объединения. А трудности были велики: лондонский «рак» пятился в болото бургфридена, московский «лебедь» рвался к миражам «коммунизма» в азиатском стиле, а венская «щука» в сущности только-только собиралась выплыть в широкие воды пролетарского моря. Но таково было объективное положение вещей в Европе, что при всем своем нежелании и законных сомнениях — Второй Интернационал вынужден был согласиться на разговоры и пойти на рандеву с «московской распутницей».

Объяснение этому следует искать в том, что мечты об эпохе наступления социализма на капиталистический мир кончились, а капитал перешел в контратаку широким фронтом. Пролетариату пришлось отступать.У Третьего Интернационала иссякли иллюзии о «мировом пожаре» социалистической революции (попытки восстания в Германии были последними молниями миновавшей грозы). Поблекла и среди приверженцев 2-го Интернационала вера в политику бургфридена. Рабочие почувствовали, что необходимо объединение, чтобы преградить путь торжествующему капиталу. Когда Венское Объединение выступило в роли посредника, — то ни у одной стороны не хватило духа сорвать переговоры.

Самым щекотливым оказалось при этом положение нашей партии. Мы были сторонниками единого фронта, которого не хотел 2-й Интернационал. Но именно он, — Второй Интернационал, — во главе с Вандервельде и встал на нашу защиту, на защиту русских социалистов, наполнявших большевистские тюрьмы.

Другим вопросом была Грузия, оккупированная большевистскими войсками в феврале 1921 года. Грузинская рабочая с.-д. партия входила во Второй Интернационал, и в этом случае защита ее с его стороны уже была не только понятна и законна, но и обязательна. И Вандервельде поставил предварительные условия при переговорах: освобождение социалистов, установление свободы, освобождение Грузии. Но обо всем этом большевики и слышать не хотели.

Что было делать нам? Поставить вопрос о политике большевиков не только предварительно, но и на самой конференции — значит сорвать ее: на такую конференцию большевики не пойдут. Значит нам предстоит быть причиной срыва первых после войны попыток восстановления единства в рабочем движении. Нам, меньшевикам, больше всех страдавшим от советской диктатуры и ее преследований, приходилось активно бороться за конференцию единого фронта ценой отказа от своего святого долга обвинителя и обличителя большевиков перед лицом мирового рабочего движения. Наша партия однако считала, что превыше всего — единство, и мы должны проявить максимальную уступчивость для достижения этого единства. Мы, конечно, не собирались пойти на установление такого «единого фронта», при котором коммунисты в западной Европе пользовались бы полной защитой социалистов, а в России социалисты оставались бы в тюрьмах. Мы это требование выдвинули бы со всей силой на объединительном конгрессе, который должен был последовать после совещания 3-х Интернационалов в Берлине 2 апреля 1922 года.

В этом вопросе между ЦК и ЗД существовало полное согласие. ЗД с одобрения ЦК провела через Венское Бюро декларацию, в которой были формулированы следующие требования: 1. Установление политической свободы в России. 2. Признание за Грузией права на самоопределение. 3. Борьба между социалистическими партиями может вестись исключительно идейными средствами, а не террористическими. 4. Невынесение смертных приговоров эсерам на предстоящем процессе. 5. Социалистические партии в Европе поддерживают кампанию за освобождение коммунистов из тюрем. Но, повторяю, ни мы, ни «Вена» не принимали идеи единого фронта, если он не будет распространен на Россию.

Витебский комитет РСДРП и Бунда принял по этому поводу резолюцию, опубликованную в № 5-27 «С. В.». Не считая нужным предъявлять Коминтерну требования ультимативного характера, комитет высказал ту мысль, что «при всяких переговорах с коммунистическими партиями о единстве действий — вопрос об отказе РКП от преследований по отношению к социалистическим партиям должен быть поставлен резко и категорично». Резолюция заканчивается словами: «Террор в России должен быть отменен под энергичным натиском сознательного пролетариата Европы». Эта резолюция свидетельствовала о большом единомыслии нашей партии, усвоившей тактику Мартова. Редакция «С. В.» полностью солидаризировалась с этой резолюцией, и статьи Дана во «Фрайхайте» написаны были в этом же духе. ЦК развивал те же мысли в своих бюллетенях.

Иной оказалась позиция П. Б. Аксельрода в этом вопросе. Он поместил в «Попюлере» интервью, перепечатанное в № 7-29 «С. В.». Аксельрод говорил: «Европейские коммунистические партии, партии рабочие, наши братья в великой классовой борьбе. Но русский большевизм — это не рабочая партия, а правительственная организация, осуществляющая свою власть тиранически, не только над страной, но в частности и над пролетариатом». П. Б. считал лозунг большевиков — единый фронт — лицемерием и был убежден, что, говоря о едином фронте пролетариата, большевики только ищут возможности опереться на социалистичекие партии запада, чтобы заставить их служить своей тайной дипломатии, старающейся укрепить деспотическую власть в России при помощи соглашения с правительствами великих держав. П. Б. считал, что всякое сближение социалистических партий с большевиками было бы еще большей ошибкой, чем объединение социалистов и анархистов в первом Интернационале.

При совершенно правильном анализе большевистского лицемерия, — с чем мы все были согласны, — П. Б. делает тактические выводы неприемлемые для нас, принципиальных сторонников единого фронта.

В заключение П. Б. говорит, что «во всяком случае» он считает недопустимым образование с большевиками единого фронта, «не потребовав от них, чтобы они вернули народу, хотя бы частицу из завоеванных мартовской революцией 1917 года свобод». В этом пункте позиция П. Б. приближается к нашей, хотя мы говорим не «о народе», а о социалистических партиях и рабочих и крестьянских организациях (профсоюзах, кооперативах).

Вопросу об едином фронте было посвящено заседание ЦК от 8 марта и все решения были приняты единогласно. ЦК постановил просить ЗД представить совещанию 3-х Интернационалов меморандум, в котором было бы показано, во что выродилась диктатура компартии над рабочим классом (уничтожение рабочих организаций, запрещение стачек, распыление и деморализация масс, жестокая борьба с инакомыслящими и пр.). В меморандуме должны быть также отмечены репрессии и преследования меньшевиков и других социалистов. Решено было также послать на совещаие в Берлин делегата непосредственно из России. Это решение было продиктовано соображениями нашей борьбы за легальность. ЦК подаст в ГПУ и в Политбюро заявление с просьбой выдать своему делегату на совещание Интернационалов паспорт. Большевики отказать не посмеют: какой же это единый фронт, если нашему делегату даже выехать не дадут? ЗД посылке делегата из России значения не придавала, но ЦК это казалось очень важным, и он просил ЗД выкроить место для представителя ЦК в составе делегации Венского Объединения.

Нашим делегатом был избран Ежов. Помимо других соображений мы хотели таким образом спасти его от ожидавшей его ссылки. Мартов телеграммой передал приглашение приехать нашему делегату. Телеграмма эта была адресована Югову по месту его службы в Московский Совнархоз. Телеграмма, однако, была доставлена не Югову, а председателю МСНХ — большевику Лихачеву. Тот вскрыл ее и, посоветовавшись с партийным начальством, передал телеграмму Югову только через день-другой. Это было 26 марта, и мы немедленно начали хлопотать о визе для Ежова. Но 30 марта прибыла новая телеграмма о том, что «операция в мае, консилиум через два дня». Эта телеграмма, отправленная на адрес Ежова, получилась аккуратно. Мы поняли это так, что на «консилиум», т. е. на предварительную конференцию, которая состоится через два дня, Ежову уже не удастся получить визу и попасть на нее во время. Торопиться следовательно некуда. Действительно, Ежова вскоре арестовали и увезли в Вятку. «Операции» же, т. е. созыва Конгресса 3-х Интернационалов, на который ЦК расчитывал, вовсе не было. Дело ограничилось только встречей в Берлине в начале апреля.

***

Итак, наш делегат, который должен был пожать «протянутую руку» Коминтерна, оказался в ссылке. Это был последний аккорд попытки единого фронта. Во второй половине марта возобновились массовые аресты. В Харькове арестовали И. Астрова, Г. Кучина, Б. Малкина, А. Левина, Л. Зороховича, Э. Ашпиза, А. Шпера, А. Шульгина, Э. Канторовича (из молодежи). 1-го апреля их привезли в Москву, держали почему-то четыре дня на вокзале, причем добровольно следовавших за арестованными жен тоже не выпускали в город, а четвертого апреля их отправили в Туркестан. Одновременно были произведены аресты в Полтаве и Екатеринославе. А молодежь вновь перевели в Бутырки. 4-го апреля Югов, Ежов и я явились по вызову в ВЧК. Нас однако не задержали. Допросили — и отпустили. Как объяснил следователь, допрос вызван был необходимостью закончить дело и передать его в архив ГПУ*).

Но мы знали по опыту, что повышенный интерес к нам к добру не приведет, тем более, что в Москве начались вновь рабочие волнения на экономической почве: забастовали московский трамвай, типографии Сытина и Левинсона. Гострест объявил локаут. У Сытина в типографии наша организация имела прочные связи, и мы были хорошо информированы о событиях. Московский комитет выпустил печатный листок по поводу локаута. Листок был хорошо распространен. На собравшемся в это время 11 съезде РКП против нас метали громы и молнии. 29 марта Ленин вы-

---

*) Характерен был диалог со следователем. Перелистывая мое «дело», он спросил: известно ли мне, за что в ноябре меня хотели арестовать и чем вызван был обыск? В ответ пришлось его спросить, не считает ли он правильным, чтобы я этот вопрос адресовал ему. Затем найдя в моем деле взятую при обыске стенограмму моего доклада на Всероссийском Съезде Служащих о национализации торговли, в которой весьма резко характеризовался этот «социалистический» декрет, следователь спросил: «как это вы не признаете декрета советской власти о национализации торговли?» Я в свою очередь спросил его, известен ли ему декрет о нэпе и рекомендовал ему познакомиться с брошюрой Ленина о Продналоге... Просматривая свое дело, я увидел в нем ордер на арест от 5 ноября 1921 года, когда меня искали на Кривоколенном пер. вместо Кривоарбатского.

106

ступил на съезде со своей практической программой, содержавшей один основной пункт: расправу с меньшевиками.

4—5 апреля в Берлине закончилось совещание Исполкомов 3-х Интернационалов, была избрана «девятка», по три делегата от каждого Интернационала, и был заложен первый камень в здание единого фронта. В этот день в Москве был арестован на службе член ЦК Бер, члены МК и Моссовета Гонигберг, Девяткин и другие члены МК: Беловский, Беркович, Кац.*)

Заговорили в это время о судебном процессе против МК за листовку по поводу локаута у Сытина.**) Даже флегматичный «первый министр» Рыков заявил: «меньшевиков всех на днях арестуют». Речь Ленина поставила все точки над «и». Ленин воспользовался случаем и разнес делегатов Коминтерна на Берлинском совещании, Радека и Бухарина, за мягкотелость и уступчивость. Большевики убедились, что единый фронт на западе при сохранении террористической диктатуры в России невозможен и поспешили дать отбой.

После речи Ленина***) ЧК развила оживленную работу. Увлеклись настолько, что вызвали в ЧК Лидию О. Дан, высланную уже два месяца тому назад за границу, вызвали О. Доманевскую, около двух лет тому назад ушедшую из нашей партии, о чем «Известия» торжественно тогда возвестили. Когда Доманевская заявила на допросе, что она — не член меньшевисткой партии, то следователь ЧК сказал ей, что вышла она из партии по распоряжению нашего ЦК для того, чтобы лучше законспирироваться.

Петроградцы, сидящие уже 14 месяцев в тюрьме, решились на голодовку в начале апреля. Об этом сообщила ЦК приехавшая в Москву С. Л. Дейч. ЦК был против голодовки, но товарищи Назарьев, Каменский, Земницкий, Малаховский, Рыков и др. доведены до отчаяния. В Москву с юга доставлена новая партия меньшевиков, арестованных главным образом в Донбассе и Екатеринославе и назначенных в ссылку в Туркестан. Идет оттуда и новая партия в 160 человек.

Аресты были в Херсоне, Николаеве, Кременчуге, Одессе (50 чел.), в Ростове-на-Дону (70 рабочих), в Баку (20 чел.). Последних обвинили в поджоге нефтяных вышек и грозили предать суду. Но до суда не дошло. Все сосланы. Выслали в Вологодскую

---

*) Кац был освобожден по болезни 21 апреля, а Бер также по болезни глаз в конце мая.

**) Это был последний выборный состав МК. Осведомленность ЧК о его составе свидетельствовала о существовании «внутреннего освещения».

***) Ленин несомненно тогда уже был психически болен, и так мы приняли эту его речь. В этом же духе оценил эту речь «С. В.» в статье «Судороги» (№ 8-30).

и Архангельскую губернию петроградских товарищей. Арестовали С. Л. Дейч.

24 апреля был арестован Ежов. «С ним поступили особенно подло и по иезуитски. О нем ЦК подал заявление во ВЦИК, что посылает его за границу, как своего представителя на Социалистический Конгресс и требовал для него паспорта. Сначала в Наркоминделе сказали, что секретарь ЦК Молотов звонил, что Политбюро согласно выдать паспорт. После этого Каменев подтвердил Югову, что Зиновьев тоже „одобрил". Наконец секретарь ВЦИКа Енукидзе уведомил Ежова, что он дважды говорил с Дзержинским, и последний заявил, „что высылка отсрочена на один месяц". 22 апреля Ежов получил письменное сообщение от секретариата РКП, что в разрешении на выезд за границу ему отказано, а 23 по телефону ЧК посылает ему ультиматум — явиться в ЧК и выехать в Вятку. Ежов не явился и 24 апреля был арестован» («С. В.» № 11-34).

На следующий день после ареста Ежова в Московском Совете обсуждался вопрос об аресте наших товарищей — членов Совета Девяткина и Гонигберга. По предложению Каменева Совет санкционировал арест без прений.

В тот же день была получена телеграмма о смерти от тифа в арестантском вагоне в Самаре И. С. Астрова. А затем молодежь была приговорена к ссылке в захолустные города Сапожек и Меленки. Товарищи потребовали освобождения на шесть дней до ссылки. Им отказали, и они 27 апреля объявили голодовку. Им заменили ссылку на Корочу и Малоархангельск, а 2 мая их освободили для приведения в порядок личных дел перед ссылкой. Я видел после освобождения на похоронах Астрова героическую молодежь и с удовлетворением понял, что резервы нашей партии еще далеко не исчерпаны.

В апреле буквально не проходило дня, чтобы ЦК не пришлось заниматься вопросами об арестах, ссылке, голодовках. Меж тем в Европе на 20 апреля была назначена демонстрация под лозунгом единого фронта. Как быть нам в России? Не можем же мы демонстрировать вместе с нашими тюремщиками. Всеми голосами против одного, — Югова, ЦК решил в демонстрации не участвовать. ЗД согласилась с ЦК. Но большевики отказались от мысли о демонстрации, и вопрос отпал сам собой.

В это время ЗД обратилась с воззванием ко всему мировому рабочему движению по поводу арестов, ссылок и голодовок в России («С. В.» № 9-31). Это воззвание и сообщения наши, как и левых эсеров, адресованные в «девятку» по поводу усилившегося террора, побудили секретаря Венского Объединения Фридриха Адлера обратиться 14 мая через Клару Цеткину к делегации Коминтерна с открытым письмом («С. В.» № 33), в котором отмечалось, что практика Москвы срывает и делает невозможным единый фронт. «Международное Объединение социалистических партий — писал Адлер, — хочет созыва международного рабочего съезда. Оно сделает все, чтобы дать этой возможности осуществиться; но оно не может потерпеть, чтобы на примыкающие к нему русские партии возлагались сверхчеловеческие жертвы».

***

Новая волна террора поставила перед нами ультимативно вопрос о переходе на нелегальное положение. В Москве мы еще кое-как держались на поверхности. Но Украина, Юг, Петроград уже были в подполье. ЦК, все еще в принципе отрицательно относясь к подполью, вынужден был давать согласие отдельным организациям и отдельным товарищам на переход в подполье. Вот что писал 2 мая ЦК Заграничной Делегации на этому вопросу: «Наше положение здесь становится совершенно нестерпимо, и при всем самообладании порою кажется, что нет другого исхода, как взять красное знамя и выйти на улицу. Нас с каждым днем становится все меньше, все мы на виду и хорошо известны ЧК. Если ЧК нас не ликвидирует сразу, то руководствуется принципом хозяйственного расчета и берет по чайной ложке, отхватывая каждый фунт меньшевистского мяса после любого политического оказательства: после листовки, выступления на митинге и т. п. ... Вновь со всей категоричностью стоит вопрос о переходе на нелегальное положение ... Весь Юг фактически уже в подполье. Петроград в подполье. Главком Украины ставил перед ЦК вопрос о праве не указывать в анкетах принадлежность к партии, о нелегальном жительстве, о паспортном бюро и всех прочих необходимых атрибутах подпольного житья и получил положительный ответ при всем крайнем нежелании ЦК санкционировать это. Однако при фактическом положении вещей на Юге это неизбежно. Затем массовые ссылки в глухие и голодные места при полной необеспеченности несомненно вызовут массовое бегство и переход на нелегальное положение. Наконец, когда «ошмётки» официального ЦК (всем известного) будут убраны со сцены, то наследники, конечно, законспирируются. Вот и получится в итоге нелегальная партия со всеми политическими последствиями».

Вопрос считался все еще в принципе не решенным. ЦК его дискутировал и ждал ответа от ЗД. Но на практике вопрос решался в пользу подполья ежедневно. 5 мая я писал ЗД: «Вопрос нашего подпольного житья близится ... Хочешь — не хочешь ...»

110

Почему-то преувеличенное значение придавалось не фактическому положению, а... резолюции. До резолюции о подполье мы продолжали считать себя легальными. Самым большим поборником легальности был А. Плесков. Начиная с февраля он постоянно устраивал в ЦК бурные сцены по поводу несоблюдения «основ» нашей тактики. Но поневоле и он конспирировал, и по предложению Плескова был принят ряд организационных шагов, — в том числе ЦК выделил для текущих дел Бюро в составе Югова, Плескова и меня; все мы распрощались с привычными именами и приобрели псевдонимы: Югов стал Яковом Ивановичем, Плесков — Савелием, я — Иваном Яковлевичем и т. д. Наконец, перед отбытием Ежова в ссылку, Бюро, в совместном заседании с ним и с Рубиным, наметило на случай ареста кандидатов в ЦК. Бились мы долго над этими кандидатами и остановились на двух: К. и Ш., хотя считали, что оба они по своим индивидуальным качествам не подходят.

В том, что вся партия в ближайшем времени окажется в подполье, сомневаться нельзя было. Надо было спешно готовить нелегальный аппарат. Мы назначили явки, начались разведки в паспортной области, наконец, заговорили о технике. Как я уже отмечал, техникой пользовался ЦК. А в начале марта появилась техника и у МК. Первая печатная прокламация вышла к пятилетию февральской революции, вторая — о локауте у Сытина. В этом очень много поработал тов. П., которого ЧК потом усиленно разыскивала. ЧК естественно приписывала появление техники нашим печатникам, почему и обрушилась на них особенно свирепо. Первый наш листок носил еще следы кустарничества, но все же был отпечатан удобочитаемо.

Плесков всполошился было, но ЦК быстро укротил его, поручив Плескову постановку техники. Он это предложение принял без всякого сопротивления. Что произошло потом, мы увидим.

Одновременно мы стали настойчиво добиваться от ЗД упорядочения нашей переписки. Письма мы писали под номером, указывая кроме того число и номер пути, по которому идет письмо. Делали мы это для того, чтобы знать, какой путь действует, что дошло и что не дошло. А от ЗД мы получали письма в самом хаотическом виде. Далин не признавал нашей канцелярщины. Но начиная с номера 15 от первого августа я все же добился подтверждения получения наших писем в «С. В.».

К концу апреля давление нестерпимой обстановки стало вызывать у многих из нас некую неудовлетворенность «мягкотелостью» нашего Интернационала и наших товарищей за границей. Нам казалось, что они должны были сделать больше в борьбе против террора. Мы получили подробное письмо от Р. А. Абрамовича, в котором излагались трудности, стоявшие на пути к единому фронту, как со стороны Коминтерна, так и со стороны 2-го Интернационала. Р. А. подробно указывал на трудности, выпавшие на долю нашей делегации в Берлине на конференции и на ее вынужденную уступчивость. Мы обсудили это письмо в ЦК.

Вот что от имени ЦК писал по этому поводу Старостинский (Плесков) ЗД: «Не решаемся категорически решать, не была ли слишком велика Ваша уступчивость, тем более, что это был первый шаг, что мешал и Лондон, впереди — Генуя и т. д. Во всяком случае, если в России мы практически ничего не выиграли, то политически и в международном масштабе поставили большевиков в противоречивое положение. Но теперь по нашему единодушному мнению надо иметь в виду, что предполагаемый международный социалистический конгресс будет уже **вторым** шагом в деле создания единого фронта. И на нем необходимо поставить **со всей категоричностью и решительностью** «русский вопрос». Ибо положение у нас нестерпимое. Наглость и цинизм большевиков стали беспредельными. Аресты не прекращаются, высылки тоже. Через несколько дней после Берлинской конференции секретарша Уншлихта — Андреева — заявила Гонигбергу, что «Берлинская конференция разрешила нам держать социалистов в тюрьме». Мы думаем, что если Берлинская конференция дала только то, что она дала, то конгресс должен дать больше. Если же он этого не даст и уступок от большевиков не добьется, то, очевидно, единый фронт даже в минимальной степени не созрел ... Посему полагаем: необходимо поддержать домогательства Коминтерна о немедленном созыве «Девятки» и международного конгресса, необходимо, чтобы Вена заставила «Девятку» поставить в порядок дня «русский вопрос». Если не добьется, то добиваться на самом конгрессе и, повидимому, там не обойтись без «ультиматума». Однако мы Вас не хотим связывать. Полагаем, что Вам виднее».

Так писал 28 апреля левейший по настроению член ЦК Плесков, только об едином фронте и мечтавший. А 2 мая я к этому прибавлял: «Нам, конечно, очень трудно здесь судить о том, насколько необходима была та уступчивость, которая была проявлена Вами на Берлинском совещании. То неприятное впечатление, которое это произвело здесь на нас, не может, разумеется, служить показателем, ибо мы поневоле субъективны: попробуй быть объективным, когда тебе не дают ни минуты покоя и ежечасно ждешь своей очереди. Но штука то в том, что при какой угодно Вашей уступчивости, — самого единого фронта всетаки не будет, пока в России будет террор. Это внутреннее противоречие непроходимо, а рассчитывать на давление большевистских рабочих масс на своих вождей — не приходится. Все это с неумолимостью заставляет ставить на ближайшей конференции русский вопрос ультимативно. И мне кажется, что несозыв конференции или оттягивание ее, чего так добивается Второй Интернационал, только выгоден большевикам, которые демагогически используют этот факт в своих целях. Попытка создания единого фронта, мне лично кажется, на сей раз кончилась неудачей, но необходимо на весь мир показать, что причиной тому является большевистская политика с ее террором».

Да, попытка эта, как известно, действительно кончилась неудачей по вине большевиков и надолго сняла с порядка дня вопрос об едином фронте. Большевистская власть, руководимая безумным, больным Лениным, взбиралась на высоты террора, и никакая наша уступчивость не могла спасти положения. А то, что русские социалисты были уступчивы и жертвовали во имя интернационального объединения своими интересами, засвидетельствовал и секретарь «Вены» — Фр. Адлер в своем письме от 14 мая коммунистической делегации «девятки», в котором он пишет: «Примыкающие к МОСП русские партии, а именно РСДРП и левые эсеры, и до и во время Берлинского совещания — заняли прямо таки образцовую позицию в интересах создания возможности международных выступлений. В интересах этих международных выступлений, они отказались от постановки условий относительно террора социалистических партий в России и в самом ходе Берлинского совещания проявляли величайшую сдержанность в вопросе о преследованиях, которым они подвергаются».

Увы, все это не спасало положения: 23 мая «девятка», за выходом из нее коммунистов, расспалась, и «единый фронт» погиб до рождения еще. Одним из поводов к распаду «девятки» послужило дело эсеров.

✳✳✳

ЦК эсеров уже второй и третий год сидел в Бутырках — и гадал о том, сколько еще он просидит там. Как вдруг в ночь на 25 февраля всех перевезли во внутреннюю тюрьму ВЧК, арестовали выпущенных было на волю нескольких эсеров, арестовали эсеровскую группу «Народ» и целый ряд бывших эсеров, публично отрекшихся от своей партии и уже давно переметнувшихся к коммунистам. В тот же день стало известно, что ЦК эсеров предается суду Ревтрибунала по обвинению в подготовке покушений на Ленина и Троцкого, в убийстве Володарского, в получении денег от Антанты и т. д. В основу обвинения легла выпущенная за границей брошюра Семенова (Васильева) «О боевой военной работе С.-Р. в 1917-1918 г.г.». Показания эти были подкреплены женой Семенова — Коноплевой. Оба они оказались уже давно членами РКП, работали в ГПУ и были людьми в морально-политическом отношении весьма сомнительными.

Судя по вою, поднятому Стекловым и Сосновским, было ясно, что готовится «показательный» процесс против эсеров.

На нас опубликованный материал произвел тяжелое впечатление. Мы заранее отметали девять десятых того, о чем доносили чекисты — Семенов и Коноплева, но одна десятая была похожа на правду, и это было очень неприятно. ЦК обсудил вопрос, собрал по возможности все данные, сообщил их Заграничной Делегации и предложил ей «сейчас же поднять по этому вопросу шум в Европе». Дело это вселяло большую тревогу потому, что сама постановка в 1922 г. дела по обвинению в событиях 17-18 гг., покрытых давностью и амнистией, вызывала опасения. Однако наиболее оптимистически настроенные среди нас ждали смертного приговора, замененного пятилетним заключением, а сами обвиняемые такой замены не ждали.

Наш ЦК отдавал себе отчет в самом начале, что наше положение в этом деле может — из-за расхождений с эсерами — стать щекотливым, но тем не менее мы не могли не принять в защите эсеров самого активного участия. И ЦК в России, и Заграничная Делегация делали все, что могли для спасения обвиняемых эсеров, и если они были спасены, то это несомненно произошло под давлением европейского пролетариата. Начиная с № 5, «Социа-

114

листический Вестник» не прекращал кампании по поводу дела эсеров. Этот процесс приковал к себе взоры всего мира и был значительным событием в политической жизни того времени.

Положение нашей партии в этом деле было трудным: партия, конечно, протестовала против иезуитского и провокационного процесса, но партия ни в каком случае не могла взять на себя ответственность за морально-политическое прошлое эсеров. Когда ЦК приступил к обсуждению вопроса, в его среде ощущались большие разногласия.

Часть членов ЦК считала, что мы должны выступить в защиту эсеров от большевистской расправы, но большинство против этого возражало, считая, что мы не можем ограничиться этой задачей, что мы должны вместе с тем указать, что мы всегда осуждали позицию, занятую после октября 1917 года партией эсеров. Некоторые члены ЦК были недовольны линией Заграничной Делегации и «Социалистического Вестника» в этом деле, находили, что за границей слишком далеко пошли в солидаризации с эсерами, считали, что эсеры, как партия, уже давно отошли от мирового рабочего движения. Об этой последней точке зрения было сообщено Заграничной Делегации, но «Социалистический Вестник» не переменил своей линии. Наши левые, Плесков и Бер, требовали от ЦК такого документа, который с одной стороны не мог бы быть истолкован, как удар в спину эсеров, а с другой — говорил бы о том, что мы с эсерами не солидарны. Это оказалось делом очень трудным. Заседание шло за заседанием, но мы никак не могли составить резолюции. Заграничная Делегация продолжала действовать по своему. В опубликованном ею заявлении («Социалистический Вестник» № 6-28) ни слова критики по адресу эсеров не было, а «Социалистический Вестник» как бы в ответ ЦК писал: «Перед необходимостью предотвращения чудовищного преступления совершенно отодвинулся на задний план вопрос о тех или иных ошибках в тактике эсеров и о том, что в этой тактике было и есть неприемлемого для пролетарского социализма». «Социалистический Вестник» № 7-29). И Заграничная Делегация была совершенно права.

Правда, на Конференции трех Интернационалов Радек, Цеткина и Фроссар от имени Коминтерна заявили, что «в процессе против 47-и эсеров будут допущены все защитники, каких только пожелают обвиняемые, что вынесение смертных приговоров в этом процессе будет исключено» и т. д. Но мы знали, какова истинная цена слову Коминтерна и клятвам Радека. Мы понимали, что жизнь эсеров в опасности.

Резолюция о процессе эсеров в начале апреля была в конце концов принята; насколько помнится, она погибла при аресте ЦК.

Во всяком случае она не была опубликована. Процесс в конце июня начался слушанием, в виду чего актуальность вопроса несколько уменьшилась, тем более что в «Известиях» появилась статья Стеклова о том, как меньшевики клевещут, будто бы эсеров хотят расстрелять. Повидимому, на большевистском Олимпе вопрос о судьбе эсеров еще обсуждался, и Стекловы выжидали инструкций. Но вот наступило 1 мая, и положение определилось. В опубликованных тезисах ЦК РКП намечалась беспощадная борьба с меньшевиками. На первомайской демонстрации шли с лозунгами: «Смерть убийцам», «Смерть буржуазии и социал-демократии». «Известия» и «Правда» были наполнены злобными измышлениями, заканчивавшимися требованием смерти. Большевики явно отреклись от обязательств, данных на совещании Интернационалов в Берлине. Готовилась кровавая расправа с эсерами.

Наш ЦК выпустил к первому мая прокламацию, в которой разъяснил, почему наша партия не примет участия в первомайской демонстрации («Социалистический Вестник» № 12-34). Заканчивалась прокламация призывом добиваться в первую очередь освобождения из тюрем борцов за дело рабочего класса. Листок был выполнен типографским способом, но носил явные следы подполья.

Ярость большевиков еще более ожесточилась. Мы в этом убедились особенно на похоронах И. С. Астрова. Астров был вместе с другими южанами отправлен через Москву в Туркестан. По дороге он и С. Д. Ярин заболели тифом. Ярина в Рязани сняли с поезда и поместили в больницу. Он выжил. Астрова потащили дальше, и в Самаре он умер в арестантском вагоне. Помню, 25 апреля я зашел в ВСНХ, где работала Лиза и встретил в комнате мертвенно-бледного Б. О. Богданова. Получена была телеграмма от жены Астрова о смерти мужа. Я срочно отправил об этом телеграмму Заграничной Делегации через путь № 2. Телеграмма эта попала почему то эсерам, которые сообщили о смерти Астрова от своего имени (« Социалистический Вестник» № 9-31). Жена Астрова следовала за ним в ссылку. Ею начались хлопоты о разрешении перевезти тело для похорон в Одессу или в Москву. Гроб должен был идти в Одессу через Москву. Но жена Астрова, сопровождавшая гроб, по пути в Москву заболела тифом и спустя месяц тоже умерла. Похороны И. С. Астрова были назначены в Москве. Тело прибыло в четверг 5 мая. В субботу по оплошности конторы «Известий» в официальном органе правительства появилось объявление, что похороны состоятся в воскресенье в 11 часов утра с Казанского вокзала, куда ЧК обещала, что вагон с телом будет подан. В 11 часов утра оказалось, что вагон передвинут на Брянский вокзал, т. е. на противоположный конец Москвы. Но прибывшие на Брянский вокзал узнали, что вагон с телом находится на станции Кутузово возле Дорогомиловского кладбища. Пришлось еще «выкупать» груз — за 20 миллионов рублей.

Добираться до станции Кутузово пришлось пешком из Москвы. Тем не менее собралось до 400 человек. Даже бывшие члены партии, отошедшие в сторону, пришли отдать последный долг памяти **Астрова**. Получилась в пустынном поле своеобразная демонстрация под знаменем партии, под звуки Варшавянки и похоронного марша. На могилу были возложены венки. От ЦК говорил А. Б. Романов, от молодежи Рапипорт, от одесситов — Коробков и от Бунда — Попляк. Тут же появились чекисты со своими фотографами, которых тщетно пытался удалить Романов.

⁂

В начале мая Ю. О. Мартов писал нам, что по всем данным можно ждать в ближайшее время «острого перелома», так как «без конца жонглировать и балансировать этой сволочи не удастся». В ответ я писал 17 мая: «Ю. О. надеется на острый перелом... Но какой? Когда? В каком направлении?.. Лично я глубоко убежден, что при продолжении того, что есть, еще шесть месяцев, мы либо окажемся в подполье, либо в Туркестане...» Ю. О. указывал на необходимость снабжать «Социалистическим Вестником» и провинцию и поддерживать связи. Я отвечал на это: «... Мы до последней минуты постараемся снабжать «Социалистическим Вестником» и провинцию... Кое-какие группы шевелятся по разным городам... но они систематически вылавливаются «на основе легальности», и хотя несомненно, что «без конца жонглировать и балансировать этой сволочи не удастся», но ей вполне удастся до конца ликвидировать нас... Логика жизни — все глубже залезать в подполье, как мы ни цепляемся за легальность»...

То, что я писал в своем письме, была объективная истина. Организации еще дышали, но полпартии уже было фактически в подполье; — Юг и Петроград, — и там организация восстановилась значительно успешнее, — меж тем другая «легальная» часть партии подвергалась систематическому разгрому.

Довольно быстро восстановил свой аппарат Главком Украины и выпустил очередной — № 12 — Бюллетеня. Одновременно на ротаторе Харьковская организация выпустила к 1 мая номер 9 своего «Социал-Демократа». Не отставала и молодежь, выпустившая свежий № «Юного Социал-демократа» (в Харькове), а екатеринославцы выпустили № 7 «Искорки» (на гектографе). Петербургский комитет приступил к регулярному изданию на пишущей машинке «Рабочего Листка», довольно объемистой тетради. Наконец был восстановлен и МК, разгромленный 4 апреля. В Киеве в мае происходили собрания активных работников, открылась партийная школа, распространялся «Социалистический Вестник». Постоянную связь киевляне держали с Харьковом. Печатные станки были в Москве и Петрограде, ротатор (Харь-

118

ков), гектограф (Екатеринослав), шапирограф (Одесса) и наконец писанье с руки печатными буквами. Так, возвращаясь к старым дореволюционным формам и способам, партия боролась за свободное слово. Издавались собственные органы, печатались прокламации на темы дня, перепечатывались на местах прокламации и циркулярные письма ЦК, и отдельные статьи из «Социалистического Вестника», и все это невидимыми путями во многих тысячах экземпляров расходилось по всей Руси, жадно проглатывалось изголодавшимися по вольному слову, волнуя мысль и стимулируя активность.

За первую половину 1922 года я могу припомнить следующие издания: ЦК, МК и ПК — печатные листки о пятилетии февральской революции и об едином фронте, МК — печатный листок о локауте у Сытина, ЦК и МК — на машинке — несколько номеров Бюллетеня, ЦК — на машинке (переизданы в некоторых местах) два письма к организациям, Главком Украины в Харькове — ежемесячно свой бюллетень — на ротаторе; Харьковская организация издала на ротаторе номеров 10 «Социал-Демократа». На шапирографе — в Москве — «Юный пролетарий» — янв.-февр. 1922 г. На ротаторе же Харьковская группа с.-д. молодежи издала «Юный Социал-Демократ». Одесская организация выпустила на шапирографе сборник в 40 стр. — изящно и хорошо, («Под бережной охраной»), кроме того издавала бюллетени, переиздала статьи из «Социалистического Вестника»: «Голос из могилы» (о брошюре Р. Люксембург) и «Замечательный документ» (о Мясникове). Кроме того, Одесса издала прекрасный листок, посвященный памяти Астрова. Одесская организация с.-д. молодежи — несколько номеров «Бюллетеня», а в апреле № 1 «Пролетарской Молодежи». Екатеринослав выпускал на гектографе свою «Искорку». Несколько документов ЦК выпустил еще по поводу отдельных моментов эсеровского процесса, по поводу голодовок (в январе и июне), о первом мая и т. д. Довольно много издавала и переиздавала петербургская организация. Издавался кроме того «Бюллетень» ЦК Бунда, издавал и перепечатывал Витебский комитет и т. д.

Я хочу отдельно упомянуть еще об одной попытке ЦК расширить свою издательскую деятельность. В феврале ЦК решил выпустить популярный орган, наполненный главным образом хроникой рабочей и партийной жизни. Конечно, никем этот орган не мыслился как конкурент «Социалистического Вестника». Встал вопрос о том, как и где его выпустить: создать свою типографию и печатать его здесь, либо печатать за границей, оттуда доставлять в Россию и распространять как русский орган в противоположность «Социалистическому Вестнику», как органу заграничному.

Впоследствии появилась у нас еще одна возможность: грузинская с.-д. партия предложила нам использовать свою типографию, причем она обязалась организовать и транспорт с Кавказа в Москву. Обсудив все эти проекты, ЦК решил печатать свой орган за границей.

Мы поручили составить «Летучий Листок» № 1 Ежову. Однако все наши расчеты оказались неверными. «Листок» был напечатан 23 марта и получен с таким опозданием, что распространять его было совершенно излишним, настолько он опоздал. ЦК решил сжечь весь транспорт «Листка», о существовании которого наши организации узнали лишь по заметке в «Социалистическом Вестнике» (№ 7-29). Однако, если появление «Листка» и его исчезновение не было замечено партийными организациями в России, то у Заграничной Делегации он вызвал волнение. Мы получили письма от Мартова и Дана, убеждавших нас не создавать конкуренции «Социалистическому Вестнику». Мы поторопились успокоить Заграничную Делегацию, — так как у нас и в мыслях этого не было: «Социалистический Вестник» несомненно оставался центральным органом партии.

***

Обращение к ЦК нашей партии от грузинской СДРП последовало в мае через приехавшего в Москву из Тифлиса тов. А. Он по поручению ЦК грузинской партии сделал доклад в нашем ЦК и передал вместе с приветом следующее предложение грузин: 1) воспользоваться их техникой и транспортом; 2) обмениваться информацией и печатными материалами; 3) выпустить специальный листок от имени ЦК по поводу Грузии, в частности к солдатам оккупационной Красной армии, печатание и распространение которого грузины брали на себя. Грузины при этом ссылались на старую тесную дружбу и на то, что наши разногласия, по их мнению, изживаются, так как происходит сближение между их, Вторым, и нашим, Венским, Интернационалами. Далее они благодарили за заступничество и просили и в дальнейшем упоминать о Грузии в нашей агитации. ЦК, отвергнув их предложение о типографии и считая для себя невозможным выпуск листка к солдатам (это противоречило нашей «легальности»), поручил составить ответ мне вместе с тов. А.

Соответственно был составлен этот ответ: вежливо и сухо, в то же время обещая не забывать в своей агитации о Грузии и выражая согласие на обмен информаций. Но против моего проекта выступил Плесков, усмотрев в нем соглашательство. ЦК поручил тогда составить проект Плескову. Написал он его с перечислением всех грехов грузинской социал-демократии и всех наших разногласий с грузинами. Ответ был принят в редакции Плескова и отправлен грузинам.

В сентябре мы получили новое письмо от ЦК грузинской с.-д. партии, в котором подчеркивалось неверное представление, которое имеется у нас о грузинской партии. Высказывая благодарность за поддержку со стороны ЦК и Заграничной Делегации борьбы грузин с большевистской оккупацией, грузины выдвигают на первый план дело освобождения Грузии от большевистского владычества. Грузины заявляют, что в тот момент, когда в России установится власть демократии, и Грузии не будет грозить со стороны России ни реакция, ни большевизм, — СДРП Грузии выскажется за присоединение к России. ЦК грузинской партии заявляет, что «ни в один момент нашей борьбы с большевиками среди членов партии не было ни одного интервенциониста».

В своей борьбе с большевиками ЦК с.-д. партии Грузии всегда апеллировал к демократии и рабочему классу, и Заграничная Делегация партии имела единственное поручение: мобилизовать пролетарское и общественное мнение Европы на помощь порабощенной Грузии. Далее в письме сообщалось следующее: несмотря на страшный террор и нелегальное положение партии, ей удалось сохранить все свои связи, и она до сих пор пользуется самым широким влиянием в массах. Представитель ЦК заканчивает свое письмо следующим заявлением:

«Я уполномочен категорически заявить, что в распоряжении ЦК имеется достаточно вооруженных сил, чтобы в любой момент обезоружить оккупационную армию и в три дня освободить Грузию от ига большевиков. Однако ЦК понимает, что в настоящих условиях это повело бы к залитию Грузии кровью и обессилению ее. В своей борьбе СДРП Грузии всецело ориентируется на общественное и рабочее движение в России, и Вы должны знать, что всякое революционное движение в России немедленно отзовется в Грузии».

Обсудив это письмо, ЦК дал на него следующий ответ:

«В ЦК Грузинской Соц.-Дем. Рабочей Партии.

Дорогие Товарищи! Получив письмо, подписанное Вашим представителем, Бюро ЦК РСДРП радо констатировать, что глубокие разногласия принципиального и тактического характера, разделявшие росс. и груз. с.-д., считаются Вами отчасти устраненными, отчасти же потерявшими в значительной мере свое значение.

Ваши заявления о том, что Вы решительно протестуете против интервенции, в прямой или косвенной ее форме, — что единственное задание Вашей заграничной делегации — оказывать идейное воздействие на общественное мнение европейского пролетариата и примыкающей к нему демократии; что метод вооруженного восстания против советской власти в целях восстановления независимой Грузии — Вами отвергается — эти заявления обнаруживают приближение позиции грузинской соц.-дем. к тем взглядам, которые мы неизменно отстаиваем.

Не считая уместным вдаваться здесь в дискуссию по поводу некоторых еще имеющихся спорных вопросов, мы выражаем наше убеждение, что эти разногласия будут постепенно изживаться по мере роста и усиления с.-д. движения.

Охотно принимая Ваше предложение о взаимном обмене партийной информацией, просим сообщить нам о всех выдающихся событиях в борьбе грузинского пролетариата. Росс. с.-д. считает своим долгом и впредь, как до сих пор, по мере имеющихся у нее возможностей, которые в настоящее время, в виду жестоких репрессий против с.-д., весьма ограничены, — оказывать содействие борьбе грузинского пролетариата, которая требует единения его сил с общероссийским рабочим движением.

С товарищеским приветом **Бюро ЦК РСДРП.**

21 сент. 22 г.»

***

Каково было состояние партийных организаций в первую половину 22 года? Я охарактеризовал работу в Петрограде и Москве и хочу подробнее остановиться на работе южных организаций партии. В середине февраля (я тогда был в Петрограде) в Москву приезжал из Харькова Г. Д. Кучин и сделал ЦК подробный доклад. Работа Главного Комитета протекает довольно оживленно, все важнейшие вопросы политической жизни обсуждаются, организационные связи закреплены и сношения свои Комитет поддерживает с 12 пунктами. Наиболее оживленная деятельность наблюдается в Харькове, где сконцентрировалось много первоклассных партийных сил, свезенных туда со всего Юга и освобожденных там без права выезда: Кучин, Астров, Григорьев, Шульгин, Аусем и др. Харьковская организация окрепла организационно и идейно. Издавала аккуратно «Социал-Демократ», образовала коллегию пропагандистов, закрепила связи на предприятиях. Проведена была районная система, делались доклады по группам, причем на группы приходило человек 50. Это оживление деятельности разбудило и многих старых работников, отошедших было от работы, которые вновь потянулись к ней. В Харькове, между прочим, в противоположность Москве, наша правая оппозиция принимала активное участие в работе, и фракционное состояние в Харьковском комитете — 5 левых и 4 правых. Харьковский Комитет был избран конференцией уполномоченных.

В противоположность Харькову, в Киеве было тихо. К тому же там появилось новое течение «нинизм», возглавляемое М. Балабановым. Сущность «нинизма» заключалась в том, что при диктатуре большевиков для работы нашей партии нет места, так как мы рискуем работать на контрреволюцию, а потому приходится «переждать» до неопределенного времени, когда, — либо угроза контрреволюции пройдет, либо большевики откажутся от диктатуры. Такой же «нинист» уже давно жил в Харькове в лице Семковского, фактически ушедшего от работы еще в 1920 году. Семковский, — как и Пилецкий, — мирно профессорствовал, в партийные дела не вмешивался, даже своей теории «летаргии» партии не проповедывал. Для партии не давал ничего, но членом партии себя считал, при соответствующих перерегистрациях о себе заявил и почему-то не догадывался заявить о своем уходе из ЦК. Семковский был вполне лоялен, как по отношению к нашей партии, так и по отношению . . . к большевикам*).

Настроение «переждать» было еще у кой-кого в Екатеринославе. Настроение пассивности, но уже без усякой теории, было в Полтаве и Кременчуге. Обе эти организации были первыми, которые отказались еще в начале 1922 г. от участия в Советах и в избирательных кампаниях. Психологически полтавских и кременчугских товарищей было легко понять — совершенно выродившийся совет уже мало кого интересовал, а полицейская обстановка выборов в советы уже никак не располагала к участию в них.

Силами Главного Комитета была составлена партийная группа в Ростове-на-Дону, куда командировали Носенко, и в Екатеринодаре, куда поехал Маргулис. Во главе ростовской группы стоял С. Гурвич, один из представителей правой оппозиции.

Как мы уже знаем, во второй половине марта были арестованы в Харькове 20 товарищей, которых выслали в Туркестан. Интересен ближайший повод к аресту. В ту пору на общественном горизонте появились сменовеховцы, которые были торжественно встречены большевиками, пытавшимися выдать этих людей за представителей «подлинной русской общественности». Большевики устроили в Харькове публичный диспут о «смене вех». Диспут этот состоялся в театре, в многолюдной аудитории, присуствовали тысячи, в том числе комсомольцы и красноармейцы, и длился он два дня. На этом собрании выступали с большим успехом Астров, Кучин, Григорьев, вызвав большой интерес к нашей партии в комсомоле, студенчестве и др. Кончилось дело арестом 21 меньшевика. Дальнейшие диспуты были прекращены.

Эта кратковременная «весна» на Украине дала партии один результат: сближение обоих крыльев партии (главным образом правых) с центром и их участие в партийной работе. Харьков жил, работал, и там правые втянулись в работу. Наоборот, московская организация бездействовала, и здесь наши правые товарищи продолжали оставаться вдалеке от работы, храня заветы непримиримости. Разница была и в политических настроениях правой оппозиции на Юге и в Москве. Южане в общем значитель-

---

*) В предисловии к выпущенной в 1923 г. книге Семковский говорит, что давно ушел из партии. Это неверно. Осенью 1921 г. он заявлял о своей принадлежности к партии. Об этом сообщил член Главного Комитета М. Н. Г. Осенью 1922 г. Семковский еще поддерживал связь с Харьковским комитетом и получал «С. В.».

но приблизились к «центру». Весьма пессимистически оценивая перспективы и вместе с ЦК считая, что на данной стадии революции — ей угрожает бонапартизм, южане все же полагали, что партия в своей тактике должна ориентироваться на демократическое перерождение большевистской власти, как бы мало шансов на это не было. Представляя себе, что может наступить момент, когда мы вынуждены будем защищать большевиков и даже делить с ними власть, участвовать в социалистической коалиции, южане требовали, чтобы партия сохранила «свободные руки». Позиция эта вполне совпадала с позицией «центра», но расходилась с позицией правых товарищей в Москве. Совпадало также настроение этих товарищей, лидируемых Астровым, Кучиным и Григорьевым, с настроением ЦК и по вопросу о постановке и направлении работы.

Ю. О. Мартов, насколько помню, в письме от января 22 г. указывал на необходимость обратиться к массовой работе, отвечая на нужды текущего дня в рабочем классе, оставив всякие попытки «убеждения начальства» и отказавшись от теории свертывания партии. Все это целиком совпадало с точкой зрения правых южан. Они предлагали лишь уточнить и углубить этот переход на новые рельсы при отказе от социалистической революции. Это партийное сближение обе стороны в Харькове настолько почувствовали, что образовали комиссию в составе — А. Б. Штерна, Р. Григорьева и А. М. Шифрина — для выработки общей платформы, общепартийного документа, который позволил бы покончить с «раздельным жительством» двух фракций. Документ выработан не был, но отметить нужно, что в Харькове оказалось возможным договориться. (Документ не был выработан, так как оказалось, что Заграничная Делегация вырабатывает новый партийный документ). Зато киевские товарищи — «нинисты», в лице левого Балабанова и правого Шатана, заявили, что они считают невозможной такую консолидацию партийных сил. Единственной организацией, в которой бурно процветал «нинизм», едва не завоевавший большинство, — была одесская, приславшая в конце апреля или начале мая в ЦК обстоятельный отчет, помеченный 24 апреля.

Согласно этому отчету, численность одесской организации, достигавшая к началу 1921 года свыше 300 человек, уже к середине года, после арестов, закрытия клуба и пр., сократилась до 150 человек, а к отчетному моменту перерегистрация дала всего 100 человек. Объясняя это падение членства арестами, высылками и отходом от политики, «потому что погоня за куском хлеба отнимает все время без остатка», отчет отмечает, что за все время не было ни одного перехода к коммунистам. Но интересен идеологический состав этой организации. Левые никогда не имели здесь большинства и достигали максимум одной пятой. Одесса была издавна опорой нашей правой оппозиции. Одесский комитет составлялся на основе пропорционального представительства. И вот как эволюционировал состав его: в 1920 г. — 80% правых и 20% левых. В 1921 г. правые немного теряют, левые — много, растет новое партийное направление — «нинизм». На выборах в марте 1922 года в Комитет не попадает ни один левый, большинство имеют правые, а меньшинство — «нинисты». Однако по ряду важных вопросов и в комитете, и вне его в дискуссиях одерживает победу точка зрения «нинистов». Например, по вопросу о выборах в Совет р.д. победила точка зрения «нинистов», и было решено бойкотировать выборы, — о чем комитет оповестил одесский пролетариат особой листовкой. Конечно, не во всех областях эти «нинисты» одерживали победы: например, когда они были против участия в профработе под тем предлогом, что «у нас нет ни рабочих, ни профдвижения». Организация, наоборот, постановила всеми силами участвовать в профдвижении, ибо «вне профессиональной работы — смерть организации», и на собрании профработников с.-д. было выбрано бюро для руководства деятельностью профдвижения. Удалось отстоять и издание своего «Бюллетеня», который «нинисты» предлагали прекратить. Думается мне, что одесскую организацию спасла молодежь, для которой философия «нинизма» была абсолютно неприемлема. Этот «нинизм» вызвал даже добродушие ГубЧК, представитель которой заявил одному из наших товарищей: «Центр отдал нам распоряжение арестовать вас, но мы вас не трогаем, потому что вы ничего не делаете». Отчет комитета подтверждает, что «действительно с сентября 1921 г. до начала 1922 г. жизнь в одесской организации почти совершенно замерла. Были недели, когда даже комитет не заседал».

❋ ❋ ❋

В Москве настроение вполне отвечало январскому призыву Мартова отказаться «от дремотности» — с одной стороны и от «убеждения начальства» — с другой. Надо строить организации, надо идти к массам. Но с чем? Нужен материал, нужно печатное слово.

«Социалистический Вестник» получался в 300-400 экземпляров. Больше нельзя было получить теми путями, которыми мы тогда располагали. Между тем наша потребность была не меньше 2 000 экземпляров. Значит, вновь встал вопрос об организации транспорта. В это время ЦК Бунда задался целью организовать издание за границей своего органа, и, стало быть, и транспорт этого будущего органа. От Бунда поступило предложение организовать границу на товарищеских началах, причем, что очень важно было, — Бунд предоставил для этой цели из своих рядов близкого, опытного и верного человека — Иосифа Хайкинда (псевдоним: Блюма, Эльчик). Предложение было принято, смета разработана, граница намечена и т. Блюма стал готовиться. Но поездка Блюмы за границу задержалась до июля. А пробыв в пути месяца два, тов. Блюма вернулся в Москву с плачевными результатами. Организация контрабандной доставки на этой границе оказалась делом столь дорого стоющим и столь рискованным, что пришлось от этой мысли отказаться: контрабандисты, работающие исполу с чекистами, предпочитали товар менее опасный и более ценный, чем «Социалистический Вестник».

Но бундовцы — упрямый и настойчивый народ. В ноябре Блюма вновь двинулся за границу, унося на себе в виде шубы с зашитыми в ней долларами — состояние ЦК. На этот раз, отказавшись от планов «организовать границу», Бюро ЦК поручило Блюме следить за максимальным использованием прежних возможностей, и в этом деле т. Блюма довел число получаемых экземпляров «Социалистического Вестника» до 800.

В начале лета мы совершенно перестали получать письма от Заграничной Делегации. «Социалистический Вестник» получался, а писем не было. В течение трех месяцев не было получено ни одного письма от Заграничной Делегации, ни одного ответа на дюжину посланных нами писем. Пишут, и пропадают письма, или вовсе не пишут? Если не пишут, то почему? Если пропадают письма, то каким же образом мы получаем «Социалистический Вестник»? Получает ли Заграничная Делегация наши письма? Если не получает, то кому попадают наши письма? Продолжать ли писать, если нет уверенности, что письма попадают по адресу, а не в ЧК? В это же время застопорились — пути 1 и 2 (в мае). Мы были в отчаянии.

По материалам «Социалистического Вестника» мы однако могли видеть, что из наших писем заграницей были получены многие.

Я уже упоминал, что еще летом 1921 г. МК выделил «техническую тройку» для установки печатного станка. Но вот в январе 1922 г. по окончании бутырской голодовки и освобождении товарищей из тюрем — Орловской, Рязанской и Владимирской — два члена МК, Ионя и П., — на свой риск и страх, не сообщая ни ЦК, ни МК, а посоветовавшись только с товарищем Пашей, решили собственными силами соорудить печатный станок. Для того, чтобы организовать типографию, нужно затратить очень много сил и средств: нужны деньги, квартира, шрифт, вал, бумага и печатники. Оказалось, что все это возможно преодолеть при большой настойчивости. Ионя вскоре отошел от этого дела, занятый целиком делами ЦК. Остался П., — ему одному удалось организовать все дело и в марте выпустить первую печатную листовку, посвященную «пятилетней годовщине» революции.

П. вошел в соглашение с т. А., — наборщиком бывшей Сытинской типографии, и тот стал таскать шрифт. По указаниям Романова достали вал, — самодельная типография была готова. Достали квартиру у человека, симпатизирующего партии, и обосновались. На этой квартире на Б. Якиманке были набраны и напечатаны первые листки. Небезинтересно отметить курьез, что шрифтом для первой прокламации послужил набор первого тома сочинений Ленина, который был доставлен целыми страницами в нелегальную типографию ЦК и МК.

После этой листовки была напечатана другая «К рабочим печатникам Москвы» по поводу локаута у Сытина. Затем — листовка по поводу 1 мая, а после нее несколько прокламаций во время процесса эсеров: 1) Обращение к защитникам; 2) По поводу демонстрации 20 июня и 3) По поводу приговора. Обычно дело происходило так: набирал т. Н., а печатал Х. Исключение составляла прокламация о 1 мая, которая набиралась в нашей типографии, а готовый набор перенесли в легальную типографию, и там уже печатали. Печатание листовок происходило, как на Якиманке, так и в других квартирах в таком порядке: печатники приходили под вечер в квартиру, ночью набирали и приступали к печатанью, которое продолжалось весь день, а иногда и следующую ночь, — после чего, окончив все и разложив шрифт по кассам, утром уходили. Хорошо было работать летом на дачных квартирах с ночи на воскресенье, когда можно было, запасшись провиантом, запереться до утра в понедельник.

Еще гораздо раньше своей типографией обзавелся Петроградский Комитет, который с 1921 г. выпустил ряд листовок. Наличие сейчас двух типографий в Москве и Петрограде поставило перед ЦК вопрос об организации большой и должным образом оборудованной типографии, находящейся в постоянном помещении, обслуживаемой профессиональным персоналом. В снятой нами на чужое имя квартире вселяется «хозяйка» с «мужем» и «квартирант» (оба печатники). Сношения с типографией ведет лицо, давно от работы отошедшее, но надежное и верное. С ним связан «уполномоченный ЦК», которому целиком передается ведение типографии. Наконец, для связи с уполномоченным ЦК был назначен т. П. Получилось сложное и громоздкое, но необходимое в условиях нашей легальности сооружение: типографию нужно было держать возможно дальше от партийного центра, состав которого был на виду у ЧК.

Решение ЦК приступить к организации нелегальной типографии принято в начале июня. Необходимость в ней была так велика, что решение было принято единогласно. Легалист Плесков не только не возражал, но именно ему было ЦК поручено устройство этого дела, и он принял это поручение без всяких возражений.

Но как создавать нелегальную типографию в московских условиях, когда каждый житель должен где-либо служить, когда каждый имеет право только на 16 квадратных аршин жилплощади, когда без жилотдела нельзя получить не только квартиры, но даже комнаты, даже угла. Москва настолько перенаселена, что достать квартиру немыслимо. В этих условиях нужно было получить отдельную квартиру на имя безвестного гражданина, при чем квартиру, гарантированную от вселений и уплотнений, и домоуправление, в котором не было бы ни тайных, ни явных чекистов.

И все таки такая квартира была найдена на дальней улице Замоскворечья! Квартиру эту нашел один наш товарищ и уступил ее нам для целей ему неведомых. Квартиру мы сняли в недостроенном доме и взяли на себя обязательство привести ее за свой счет в надлежащий вид, так как в ней не было ни окон, ни дверей, ни печи. Дали задаток и объявили, что квартира предназначена для знакомых, которые еще должны приехать. К этому присоединили некую мзду управдому, какому-то спившемуся б. адвокату, и дело считалось закрепленным. Теперь предстояло квартиру ремонтировать, для чего нужны были доски, кирпичи, гвозди, стекло и рабочие, и такие крупные деньги, каких у нас и в помине не было. Но мы были на службе в разных трестах, и под разными предлогами раздобыли необходимый казенный материал. Рабочие были свои и столяры — тоже свои. Наконец, появились «хозяйка», «муж» и «квартирант». Казалось бы, все было в порядке. Но все дело с конспиративной квартирой для типографии пришлось в один прекрасный день, в октябре, когда мы были уже в подполье, — ликвидировать. Причина была в новом декрете Московского Совета о том, что все дома должны предоставить в распоряжение Жилотдела 10% своей жилой площади. Домоуправление сдало Жилотделу площадь, отведенную под нашу квартиру, и «чижики» (Чрезвычайная жилищная комиссия) ее забрала для своих нужд. Мы бесились от злости, ругали Плескова и уполномоченного, но пришлось смириться, подсчитать убытки и начать все сначала. На этот раз дело было доведено до конца, и Бюро ЦК приступило к изданию листков и журнала «Социал-Демократ», № 1 которого вышел в феврале 1923 г.

***

Выпуском воззваний наше участие в процессе эсеров, конечно, не могло ограничиться. Первая мысль, которая была у ЦК по поводу процесса, была о спасении жизни эсеров. Подготовлявшееся с таким цинизмом убийство эсеров было не только преступлением большевиков, но и политическим бедствием: ведь после этого единый фронт становился морально невозможным. А вся тактика нашей партии и Венского Интернационала была рассчитана именно на объединение всех ветвей рабочего движения, до коммунистического включительно. Я уже выше передал содержание тех горячих споров, которые шли в нашем ЦК в связи с процессом эсеров. Мы хотели спасать эсеров, жизнь которых повисла на ниточке, но в то же время могли ли мы не отгородиться от тактики эсеров, с которой мы не были согласны? Говоря языком тогдашних споров в ЦК, — «односторонней или двусторонней должна быть наша позиция?».

Мы сделали тогда же попытку принять непосредственное участие в защите обвиняемых, и на этом вопросе у нас произошло столкновение с товарищами из правой оппозиции, которые неожиданно появились на нашем горизонте. Это были С. Л. Вайнштейн, П. А. Гарви и А. Э. Дюбуа, имевшие свою главную базу в рядах наших печатников (Девяткин, Буксин и др. были их сторонниками), но никакого участия в партийной работе не принимавшие.

Случилось это таким образом. В мае в ЦК обратились М. И. Либер и А. Э. Дюбуа по вопросу об организации защиты эсеров. Либер тогда не был членом партии, но хотел нашего «совета». Дюбуа, как член партии, добивался нашего формального разрешения. Оба они заявили, что приглашены эсерами участвовать в защите.

ЦК был поставлен в затруднительное положение: отказать членам партии в праве защищать эсеров — невозможно, а не членам партии, как Либер, и подавно. Но участие Либера и Дюбуа в защите будет всеми воспринято, как участие нашей партии, а это грозило исказить на суде политическую позицию партии, представлять которую указанные товарищи, как несогласные с ее

131

тактикой, не могли. Помню первое по этому вопросу расширенное заседание ЦК, на котором присутствовали и не члены ЦК и где горячую речь произнес Коробков. Мотивы были такие: нельзя запретить членам партии участвовать в таком процессе в качестве защитников. Другое дело, когда речь идет об участии Либера, — что является актом сугубо политическим.

ЦК постановил предложить Либеру от участия в защите на процессе отказаться, а Дюбуа — запретить, так как партийное представительство может быть организовано только ЦК. Хотя Дюбуа от участия в защите отказался, правые товарищи остались этим решением ЦК недовольны и заявили, что в случае отказа ЦК от участия в защите эсеров, они оставляют за собой свободу действия. Наши правые настаивали на том, что согласие ЦК на участие в защите эсеров было добыто ими в бою с ЦК и под их прямым давлением, и этим они «спасли честь партии». Я должен категорически опровергнуть эту легенду. Фактически разногласия ЦК с нашей правой оппозицией были невелики. Позиция ЦК была следующая. У наших защитников на суде положение будет тяжелое. Мы вынуждены будем в ряде политических вопросов отмежеваться от эсеров, — даже если бы мы хотели на суде смягчить наши разногласия. ЦК полагал поэтому, что лучше будет и для нас, и для эсеров, если мы не будем в составе их защитников. Нам казалось, что и сами эсеры думают так же, а потому и не обращаются к нам о защите. Когда я с этими мыслями поделился в частной беседе с С. Л. Вайнштейном, то в общем он согласился со мной. Такова же была и позиция нашей Заграничной Делегации. Однако существовала разница в настроениях, так как Ю. О. Мартов, насколько известно, порывался сам ехать в Москву, чтобы выступить защитником на процессе. Что же касается правых, то они настаивали на том, что мы обязаны выступить, ибо это дело не только эсеров, но и наше.

К характеристике отношения ЦК к вопросу об участии в защите интересно добавить, что еще в апреле ЦК единогласно решил просить Заграничную Делегацию, если только окажется возможным, включить в число защитников от ВенскогоИнтернационала кого-нибудь из членов нашей Заграничной Делегации. Об этом писал левейший Плесков-Старостинский 28 апреля.

На срочном заседании Бюро ЦК (Плесков, Югов, Двинов) рано утром на квартире Плескова 31 мая представители правых, Вайнштейн и Гарви, огласили письменное обращение заключенных эсеров. Насколько помню, это была записка за подписями Гоца, Донского и Тимофеева, смысл которой сводился к тому, что они, эсеры, думают, что желательно участие РСДРП в защите на процессе. Тон приглашения был довольно холодный, но это все таки было приглашение. ЦК решил приглашение принять и представительство партии организовать при наличии двух условий: 1. Если эсеры отказываются от отвода наших представителей (был слух, что эсеры опасаются назначения Плескова одним из защитников от РСДРП и намерены отвести его) и 2. Если эсеры не возражают против того, чтобы защитники, посланные нами, могли представлять на суде нашу партийную линию, т. е. имеют право отгородиться от тех или иных действий эсеров. На этих условиях ЦК выбрал трех своих представителей для участия в защите: Бера, Вайнштейна и Рубина.

Условия эти были приняты эсерами, и было подано как от имени ЦК, так от имени подсудимых эсеров заявление в Трибунал о допущении защитников. Одновременно ЦК решил, во избежание всяческих недомолвок, издать декларацию, объясняющую цель участия партии в защите эсеров. Это была явная уступка налево. Наше заявление было послано в «Известия» и «Правду», которые в свою очередь переслали его в Верховный Трибунал, использовавший нашу декларацию, как основание для недопущения нашей делегации в состав защиты на суде.

Хорошо помню, с каким удовлетворением сообщил мне об этом... отказе один из посланных нами защитников, И. Рубин. Признаться, такого исхода мы все же не ожидали. Непонятно, почему большевики, допустив к защите представителей европейского социализма, не решились дать возможность участвовать в защите эсеров представителям нашей партии и М. И. Либеру, и тем самым нарушили свои публично данные обязательства на Конференции трех Интернационалов в Берлине. Как бы то ни было, но Трибунал отказался допустить нашу защиту. Нам оставалось обжаловать это недопущение и вскрыть его мотивы. Вот текст нашего протеста, проект которого был составлен Рубиным:

«В Верховный Революционный Трибунал.

Распорядительное заседание Верховного Революционного Трибунала постановило не допустить Б. Гуревича (Бера), С. Вайнштейна (Звездина) и И. Рубина в качестве защитников эсеров. Этот отказ юридически не обоснован, нарушает право подсудимых на защиту, противоречит всем прежним заявлениям представителей власти и господствующей партии и извращает постановку дела, привнося в него с самого начала политическое пристрастие и лицеприятие.

Первый мотив отказа — тот, что одновременно с заявлением подсудимых о назначении защитниками тт. Бера, Вайнштейна и

Рубина поступило заявление ЦК РСДРП о назначении тех же лиц защитниками. Мимоходом заявление квалифицируется как «анонимное», а ЦК РСДРП как «контрреволюционная организация». ЦК мог бы пройти мимо подобной квалификации, и если он считает необходимым остановиться на ней, то только потому, что она характеризует тот путь, на который вступило распорядительное заседание и который вряд ли может увеличить авторитет и достоинство суда. Заявление подписано „Центр. Комитет РСДРП" и имеет соответствующую печать. В течение 25 лет с момента своего возникновения ЦК таким образом подписывал свои заявления, и последние до сих пор никем как анонимные, не квалифицировались. Таким же образом ЦК подписывал свои обращения к большевистской партии с момента раскола РСДРП и к советской власти — с момента ее возникновения, причем подписанные таким образом заявления всегда принимались как официальные. Так, например, еще недавно такая подпись не помешала правительственным органам передать Западной Европе по радио воззвание ЦК РСДРП о признании советской власти.

Квалификация ЦК РСДРП как «контр-революционной организации» является столь же мало обоснованной и вряд ли более уместной в устах суда. Суду должно быть известно, что с момента легализации нашей партии и официального приглашения ее на Съезды Советов в 1920 и 1921 гг., не было ни одного постановления законодательных или судебных органов, отменяющих легальность нашей партии, которая при всех административных преследованиях открыто выступает и официально сносится с органами власти. Лишенная всякого юридического основания указанная квалификация представляет только полемический выпад, перенесенный в резолюцию суда со столбцов большевистских газет. Оставляя в стороне вопрос о том, уместна ли подобная полемика в резолюции судебного органа, ЦК во всяком случае настаивает, что эти полемические выпады столь же мало могут помешать допущению в качестве защитников его представителей, как не помешали подобные же выпады против Второго Интернационала и Венского Интернационала допущению в качестве защитников их представителей.

Переходя к существу приведенного мотива отказа, ЦК считает необходимым указать следующее. Тот факт, что одновременно с заявлением подсудимых о назначении защитниками тов. Бера, Вайнштейна и Рубина поступило заявление ЦК РСДРП о том же, ни в коем случае не может служить основанием для отказа. Заявление подсудимых было подано своевременно. Официальными представителями организации, делегированными для участия в защите являются не только упомянутые неутвержден-

134

ные товарищи, но и ряд утвержденных лиц. К. Розенфельд и Т. Либкнехт делегированы независимой с.-д. партией Германии; представителями организации являются Э. Вандервельде, Фроссар и др. Вряд ли можно сомневаться, что Бухарин, Зорин, Знаменский и др. выступают на процессе как представители РКП. Более того, не только в качестве защитников, но и в качестве обвинителей допущены лица, которые одновременно уполномочены для участия в процессе политическими организациями. Так «Правда» в № 124 от 7 с. м. сообщает, что обвинителями допущены дополнительно представители Коминтерна — Клара Цеткин и Мунк. Недопущение представителей РСДРП представляет одностороннее и необоснованное изъятие из общего порядка данного суда и может быть объяснено только как политический акт, ставящий стороны и разные группы обвиняемых в вопиюще-неравное положение на суде и препятствующий объективному и всестороннему освещению дела.

Второй мотив отказа суда — это заявление ЦК РСДРП, обращенное им к общественному мнению трудящихся. Это заявление было сообщено большевистской печати для опубликования. Оно ею не было опубликовано, что не помешало правительственным «Известиям» полемизировать с ими же неопубликованным заявлением, а редакции «Правды» переслать его в Ревтрибунал. Распорядительное заседание суда мотивирует свой отказ тем, что, как видно из упомянутого заявления, представители ЦК РСДРП делегируются для контрреволюционных выступлений на суде. ЦК РСДРП напоминает, что официальная правительственная и партийная коммунистическая печать, в том числе в статье Троцкого, неоднократно возражала против подхода к процессу и к защите только с юридической точки зрения. Они настаивали, что процесс и защита должны носить характер политический. Между тем именно желание ЦК РСДРП поставить вопрос политически — квалифицируется распорядительным заседанием суда, как намерение сделать „контрреволюционное выступление". Недопущение той политической постановки вопроса, которая дана в заявлении ЦК РСДРП — необходимость ликвидации политики партийной диктатуры и террора — означает ничто иное, как недопущение какой бы то ни было политической постановки вопроса, кроме большевистской, ибо как раз в этом пункте глубокое расхождение между большевиками и другими социалистическими партиями, и в частности с Венским Объединением, расхождение, которое не может не проявиться в данном судебном процессе. Какой же смысл имеет требование коммунистов о политической постановке процесса? Не означает ли это, что суд, что все его политическое значение сводится к утверждению политической монополии господствующей партии, к недопущению какой бы то ни было политической постановки вопроса, расходящейся с официальною коммунистическою?

ЦК РСДРП констатирует, что указанное выше одностороннее изъятие из общего порядка данного суда, сделанное распорядительным заседанием в отношении к делегированным ЦК лицам, не может быть понято иначе, как стремление избегнуть на суде по мотивам политического характера той постановки вопроса, которая дается в заявлении ЦК РСДРП.

В виду изложенного, ЦК РСДРП настаивает на отмене постановления распорядительного заседания суда и на допущении тов. Б. Н. Гуревича (Бера), С. Л. Вайнштейна (Звездина) и И. И. Рубина к участию в процессе с.-р. в качестве защитников.

1-го июня 1922 г.

ЦК РСДРП»

Протест, разумеется, не помог, и защита наша допущена не была. Мы довели это до сведения эсеров, а также — их защитников на суде. Дело началось слушанием, и с каждым днем общественное внимание становилось все напряженнее, атмосфера — нервней, и кровавая волна торжествующей пошлости подымалась все выше. Циркулировал слух об уже продиктованном Политбюро приговоре, который требовал казни пяти эсеров: Гоца, Тимофеева, Донского и двух Ивановых. Рабочие партии Европы усилили движение протеста. Большевикам, взбешенным отрицательным эффектом процесса в Европе, пришла мысль противопоставить Европе — российский пролетариат. По приказу ЦК РКП проведена была в Москве гнусная кампания по заводам и предприятиям, были созваны сотни митингов и приняты сотни резолюций под лозунгом: «смерть эсерам». На 20 июня была назначена большевиками отвратительная демонстрация, на которой рабочие Москвы шли под красными знаменами, требуя смерти социалистов-эсеров и (кое-где) с.-д. Когда стало известно об этой демонстрации, казалось, что это уже конец процесса над эсерами, что защите сейчас уже ничего не остается, как покинуть зал суда.

Как реагировать на эту отвратительную демонстрацию? Прения в ЦК велись по трафарету: в какой форме должен быть опубликован наш протест против нее, — в форме резолюции или в форме листка? Я воспринимал демонстрацию под лозунгом казни, как поворотный пункт не только в суде над эсерами, но и в самом ходе русской революции. Для меня не было сомнений, что вслед за эсерами очередь будет за нами. В газетах уже шла к этому подготовка, нашей горе-легальности пришел конец, и партии остается уйти в подполье. Демонстрация пролетариата под красными знаменами социализма с требованием смертной казни для социалистов столь позорна, что протестовать против этого надо не резолюциями и не листовками. И я предлагал: собрать всю нашу московскую организацию (человек 200-300), и выйти на улицу с контродемонстрацией под знаменем партии и с лозунгом: «Долой террор! Долой смертную казнь!» Это мое предложение поддержал только С. С. Кац. Я, конечно, предвидел возможность арестов, даже стрельбы и жертв, и все же мне казалось, что ЦК упустил исключительный момент для защиты идеи социализма. Как бы ничтожна ни была в сравнении с десятками тысяч, демонстрировавших за смерть, наша горсточка, ее моральная сила была бы огромна, она свела бы к нулю весь эффект демонстрации смерти.

ЦК решил издать листок (см. «Социалистический Вестник» № 15), напечатал его типографским путем и распространил по заводам. Но что мог сделать наш листок против тысячи казенных газет и особенно против столь убедительного аргумента, как угроза безработицы и голода?

Боязнь умереть от голода водила рукой рабочего, когда он голосовал за резолюцию комячейки, когда он подписывал петицию о казни — и толкала его в ряды демонстрантов поневоле. Было жутко видеть десятки тысяч рабочих, старых и молодых, шагающих под лесом красных полотнищ, на которых было начертано: «смерть, смерть, смерть!» Глядя на эту демонстрацию, чувствовалось, что революция погибла и что почва для реакции созрела . . .

Наша «легальность» после этой демонстрации длилась еще две недели, а когда процесс эсеров закончился 8 августа, партия уже оказалась в подполье.

На приговор суда Бюро ЦК ответило краткой листовкой, которую я писал столь наспех, не дожидаясь формального вынесения приговора, — который, как известно, последовал одновременно с помилованием ВЦИК и перевода заключенных в категорию заложников. Поспешно пришлось переделывать конец листовки, когда посланец из типографии уже стоял над головой. Листовка была быстро готова и 10 августа распространена.

Так как листовка эта не попала в «Социалистический Вестник», то привожу ее здесь:

«Ко всем рабочим и работницам

Товарищи!

Четыре года большевистская партия, обманывая рабочий класс, сулила ему немедленное наступление социализма. Обман кончился, и большевики преклонили свои головы перед царством буржуазии, царством нэпа. Чтобы прикрыть это отступление, чтобы замаскировать свое банкротство, большевики вновь возобновили разгул террора. Им мало стало бессудных расправ с социалистами, им мало стало административно-произвольных арестов и ссылок, они пустились на раскопки старых архивов, они вытащили из пыли времен, покрытые ими же объявленной амнистией три года тому назад, дела гражданской войны с с-рами, они нашли несколько продажных свидетелей (лжесвидетелей), бывших эсеров, а нынешних агентов Чека — Семенова, Коноплеву и б. энеса Игнатьева, и с шумом и треском поставили процесс эсеровской партии, упражняясь в революционной „словесности".

Всуе клянясь именем пролетариата и социализма, большевики в момент напряженной борьбы всех европейских рабочих за создание единого фронта для борьбы с международным капиталом, подняли этот процесс, чтобы затруднить, сорвать и сделать невозможным этот фронт единства пролетариата. Весь пролетариат Европы, все партии его, профсоюзы выразили большевикам в сотнях резолюций и митингов свое возмущение по поводу постановки процесса. На берлинском совещании трех интернационалов представители Коминтерна — Радек, Бухарин и Цеткина дали и подписали торжественное обещание, что, „вынесение смертных приговоров в этом процессе исключено". Два месяца тянулся процесс, без защиты, вынужденной уйти, без нужных обвиняемым свидетелей, которых не позволяли вызывать, без свободного доступа публики и без опубликования речей обвиняемых. Зато были сфабрикованы сотни резолюций, в которых комячейки от имени рабочих и красноармейцев требовали смерти эсеров. Но безмолвствует русский рабочий, загнанный и разбитый, терроризованный Чекой! Под вечным страхом тюрьмы и увольнения молчал русский рабочий, когда его именем большевики творили весь этот ужас!

Товарищи! Седьмого августа суд вынес свой „справедливый" приговор. Двенадцать смертных казней, двенадцать голов старых революционеров.

Товарищи, вдумайтесь в этот приговор, он так ужасен, что большевики опубликовали его лишь через полторы суток, одновременно с актом „милости", боясь возмущения рабочих Европы. И, если жизнь эсеров спасена, то только под давлением европейского пролетариата, что вынужден признать и Радек в „Правде". Под давлением рабочих Европы большевики эсеров расстрелять не посмели, но гнусность, которую они совершили, во много раз превосходит расстрел. Устами Гоца эсеры ответили суду, что они стоят за признание советской России, что они против интервенции и вооруженного восстания и, несмотря на это, эсеров оставили заложниками за возможные действия лиц, которых большевикам угодно будет назвать эсерами. Только во время средневековья существовал этот варварский институт заложничества. За действия других людей, за действия провокаторов, вроде Семенова, должны отвечать своей головой эсеры в течение неопределенного времени; над горлом двенадцати революционеров будет постоянно висеть нож палача, ежечасно готовый отсечь им головы за поступки неведомых им людей. Может ли быть более ужасным, более постыдным приговор-пытка, названный Коминтерном „великодушием"?

Товарищи! Вашим именем творится это преступление. Вашим именем будут пытать революционеров. Не допускайте такого позора, протестуйте против приговора.

Долой позор заложничества!

Долой террор!

Долой смертную казнь!

Да здравствует русская революция!

Да здравствует социализм!

БЮРО ЦК РСДРП
МК РСДРП

9-го августа 1922 г.»

✳✳✳

В связи с листовкой о локауте у Сытина несколько членов МК было арестовано. После освобождения некоторых из них, в Бутырках еще оставались: Франц Беловский, А. Девяткин и Беркович. Запросили они ЧК, доколе они будут сидеть и получили неожиданный ответ: «Вот соберем всех членов МК, и тогда дело вырешим.» Не советуясь ни с кем на воле и не предупреждая никого, они 19 июня объявили голодовку с требованием — освобождения и прекращения дела. На восьмой день голодовки Чека объявила «приговор»: два года ссылки в Туркестан. Тому же приговору подлежал Бер, а С. С. Кац оставался под надзором полиции. Что же касается дела о членах преступного сообщества, именуемого МК РСДРП: Пистраке, Л. М., Кушине И. А., Малкине А. Я., Рашковском И. Г. и Егорове-Лызлове, то «дело о них выделить за нерозыском обвиняемых, приняв к розыску таковых меры.» Так сообщила ЧК.

В ответ на это товарищи заявили, что «приговора» они не принимают, в ссылку не поедут и голодовку доведут до конца. МК выпустил листовку по поводу этой голодовки, и ЧК неожиданно вновь пересмотрела дело, и на 9-й день вечером согласилась всех освободить без всяких условий. Голодовка была прекращена. Товарищи были столь слабы, что еще два дня оставались в тюрьме, набирались сил. 28 июня появилась в «Правде» передовая статья «Запрос меньшевикам», в которой нас в грозном тоне допрашивали: считают ли меньшевики возможным оставаться в политическом блоке с эсерами? «Правда» ссылалась при этом на договор о блоке, якобы заключенном Заграничной Делегацией нашей партии с эсерами в Берлине, и обещала опубликовать полностью документ и даже привести его фотографию. Так как в течение двух последних месяцев мы не получали писем от Заграничной Делегации и не знали о том, что происходит за рубежом, — за исключением того, что появилось в «Социалистическом Вестнике», — то нас естественно это сообщение взволновало. А некоторых членов ЦК, неудовлетворенных позицией Заграничной Делегации в деле эсеров, статья «Правды» даже смутила. Конечно, раз пишет «Правда», стало быть это ложь. Но на все ли 100%?

Я тотчас составил проект ответа в «Правду». Смысл его был в том, что чекистам не удастся нас запугать; мы хорошо знаем их мошеннические трюки. Напечатайте текст «соглашения», и мы тогда вам ответим по существу. Но при всех условиях мы спешим заявить публично о полной солидарности ЦК с Заграничной Делегацией и нашу уверенность в том, что никакого блока с эсерами нет. Против же инсценировки процесса и против смертной казни мы протестовали и будем протестовать. Таково было содержание ответа, который я наметил и который был принят ЦК*). Конечно, «Правда» не напечатала ни обещанного документа с фотографией, ни ответа, которого она от нас грозно требовала. Ответ этот был напечатан в «Социалистическом Вестнике» (№ 16-38) и с.-д. «Фрайхайт», так как коммунистическое «Роте Фане» поспешило поместить запрос «Правды». Так, история о блоке, якобы заключенном Заграничной Делегацией с эсерами, целиком вымышленная большевиками, была ликвидирована. «Правда» поспешила скромно умолкнуть.

В это время произошло событие, вызвавшее бурную дискуссию в нашем ЦК. Поводом явилась передовая в № 11 (33) «Социалистического Вестника»: «В борьбе за единство», взволновавшая левых товарищей и больше всего Плескова. В этой статье высказывалась мысль, что большевики (речь шла о советском правительстве) представляют собою уже не рабочую, а надклассовую силу, рабочему классу враждебную, место которой не в пролетарском, а в едином фронте с архиепископами, королями, министрами и царями биржи. Левые усмотрели в этой статье переоценку ценностей, перемену позиции нашей партии, отрицающей за большевистской партией пролетарский характер. В передовой «Социалистического Вестника» было напечатано, что «они имеют право на поддержку международного пролетариата, как его имело бы всякое мелкобуржуазное правительство, борющееся против контрреволюционных классов» и т. д. Такого рода выступление «Социалистического Вестника» радикально меняет наше отношение к большевистской партии и революции, — говорили левые члены ЦК. Вопрос обсуждался на двух заседаниях, а на третьем заседании ЦК до этого вопроса не дошли, — ибо заседание было прервано появлением ЧК. Чекист с двумя солдатами прекратил острую дискуссию в нашем заседании.

Это заседание ЦК состоялось 3 июля на Средне-Кисловском переулке в комнате т. Чечика. Заседание это, как и предыдущие со времени процесса эсеров, происходило полулегально и обсуж-

*) Для нас был особенно важен конец ответа. «Правда», повидимому, стремилась скомпрометировать нашу Заграничную Делегацию, которая не выражает мнения партии...

дало вопрос о переходе на нелегальное положение, в подполье. Кроме членов ЦК на заседании присуствовали члены ЦК Бунда В. М. Драбкин и И. В. Светицкий, члены МК А. Я. Малкин и И. Г. Рашковский и представитель молодежи И. С. Якубсон.

Комната была почти пуста, а в центре возвышалась большая кирпичная печь — остаток времен военного коммунизма. Ни владельца комнаты, ни хозяина квартиры — некоего Копелиовича, не было. Но в соседней комнате сидел какой-то неизвестный в ожидании хозяина. Для того, чтобы несколько соблюсти правила конспирации, было принято предложение Рубина о том, чтобы каждый оратор, произнося речь, становился лицом к стене, как это принято у молящихся у восточной стены евреев. Непрошенный сосед скоро ушел, и Плесков произнес пламенную речь против подпольщины и подпольной типографии, — в защиту легальности, доказывая, что, нарушая ее, мы будем отвечать по всей строгости закона. Не успел он закончить речи, как раздался звонок в дверь. Тов. Якубсон пошел открывать и, тотчас вернувшись, шепотом сказал: «влопались ... ЧК».

Наступила тишина. Начали молча уничтожать компрометирующие бумаги. Технический секретарь Н. Д. имела при себе портфель с прокламациями и резолюциями для отправки по районам. Свирепо и молча она уничтожала все, что было можно. Процессия ГПУ (чекист, два солдата и председатель домкома), шествуя по пустым комнатам, добралась до нас. Чекист, наткнувшись в нашей комнате на двенадцать человек, буквально ахнул от неожиданности и первым делом стал вырывать у Н. Д. портфель. Она сопротивлялась: «Подождите, я кончу». Чекист ждать не хотел и завладел портфелем со всем его содержимым. После того он обратился к нам с вопросом: — «Кто вы такие?».

— «А вы кто такой?».

— «Я комиссар ГПУ».

Но мы заупрямились и потребовали предъявления ордера. Комиссар предъявил. Это был ордер на производство обыска и ареста с выемкой книг, товаров и подозрительных лиц. В графе, отведенной для имени, значилось: Копелиович (хозяин квартиры). Комиссар подтвердил, что нужен ему действительно Копелиович, но ему неизвестно, не находится ли он среди нас и потребовал предъявления присутствующими своих документов.

Чекист разложил лист бумаги, сел за стол и потребовал от меня, как ближайшего к нему, документа. Я показал свою трудовую книжку. — «Вот перепишу вас всех, тогда можете уходить», — заявил чекист.

Глядим мы друг на друга и думаем: кто он — честный дурак или притворяется?

И вдруг чекист обращается ко мне: — «А какова, товарищ, ваша партийность»?

— К чему вам моя партийность, раз вам нужно проверить, не Копелиович ли я?..» Но, обменявшись молчаливыми взглядами с товарищами, я добавил: — «Ну, что ж, если это вас так интересует, то извольте: — я — меньшевик».

После этого перепись пошла как по маслу. Чекисту стало ясно, что это собрание 12 меньшевиков, но занимающих высокие посты: председателя правления гостреста, юрисконсульта другого треста, профессора московского университета и т. д.

— А о чем вы тут совещались? — интересуется чекист.

— О важных хозяйственных вопросах, — отвечает кто-то, не моргнув глазом.

— Теперь вы можете уходить, — заявляет чекист. Только двух я должен задержать. Вот этого, который не имеет документа. Он указывает на нелегального Рашковского. Может он и есть Копелиович? И вот эту, — зачем рвала бумаги? — указывает он на Н. Д. с портфелем.

Мы все наперебой свидетельствовали, что Рашковский не Копелиович. Не помогает. Тогда созревает план: Пусть Югов останется зубы заговаривать, а Якубсон попытается где-нибудь раздобыть паспорт для Рашковского. Так и сделали. Рашковский был освобожден. Освобождена была и Н. Д.: Югову удалось уговорить чекиста, что ему совершенно излишне брать Н. Д. в ЧК. Пусть заберет портфель, а она уже за ним явится. Н. Д. вместе с Юговым покинули чекиста, засевшего писать протокол.

Когда протокол, в котором чекист добросовестно излагал, что Копелиовича он не обнаружил, а только собрание 12 меньшевиков, был готов, — он догадался позвонить в ГПУ. Как только он прочел первые наши имена, ему, видимо, что-то серьезное сказали. Во всяком случае через короткое время примчалась на квартиру орава чекистов во главе с Андреевой, но уже никого не нашли. Единственное оправдание у чекиста было: да ведь это было собрание ответственных советских работников! Как же он мог догадаться, что это — преступные меньшевики, которых разыскивает ЧК?

Мы понимали, что ГПУ нам отомстит. Возвращаясь часов в восемь вечера с Плесковым, мы решили во всяком случае дома не ночевать. Плесков завернул в свой переулок, а я пошел к Рубину. У ворот меня остановил сосед Рубина и предупредил, что у Рубина засада. Издали приближались Рубин и Драбкин. Рубин повернул и скрылся, а мы с Драбкиным пошли предупредить Плескова. Последний не попался только потому, что, не найдя на лестнице условленного сигнала, не зашел к себе домой.

Подходя к своему дому, я издали увидел у подъезда автомобиль ЧК. Зашел в аптеку и стал предупреждать товарищей по телефону. Но всюду уже были чекисты. «Гости, — не можем говорить». Стало ясно, — началась широкая акция ЧК. Вопрос о подполье и легальности решен за нас большевиками.

Я был хранителем партийного архива. Убедившись, что квартира моя на время оказалась свободной от чекистов, я зашел туда на минутку, захватил два портфеля с архивом и ушел. В это время начался ливень, и я шел со своей ношей, не зная, где и как устроиться на ночь. Попробовал зайти к одному товарищу, но тотчас увидел его испуг, оставил его и пустился опять в дорогу со своей тяжелой ношей. К полуночи дождь прошел. Я вновь подошел к своей квартире, но в пустой по дачному времени квартире показался свет, значит — засада. Тогда я решил зайти к соседке и рассказал ей откровенно в чем дело. Эта женщина, никогда политикой незанимавшаяся и неинтересовавшаяся ею, устроила меня у себя на ночь и спрятала мои портфели с архивом.

Из окна я выглянул на свою квартиру: темно, чекисты ушли. Но в часа два ночи зашумел автомобиль в переулке. Я опять взглянул в окно и убедился: чекисты в моей квартире. Зажгли свет. Их трое. Затем двое ушли, и один остался. Повидимому, и чекисту не спалось в эту ночь. Он распахнул окно, закурил папиросу и засвистал какой-то избитый романс.

***

Связавшись кое-как с остальными товарищами, мы начали подсчитывать потери. Оказалось, что операция ГПУ началась в 5 часов вечера 3 июля. Был мобилизован и спекулянтский отдел чекистов для этого, и комсомол. Член ЦК Бер был взят, как оказалось, вместе со случайной спутницей на улице по дороге на заседание ЦК. Члены ЦК Югов и Кузовлев были арестованы ночью у себя. От старого состава ЦК уцелели Плесков, Рубин и я. Всего же членов организации было арестовано свыше 50-ти, почти весь московский актив. К счастью, почти не пострадал аппарат связи с Заграничной Делегацией и с «Социалистическим Вестником». Я тотчас связался с Лизой и отправил по пути № 3 телеграмму в Берлин о событиях, а 9 июля я отправил очередное письмо (№ 38), которое было написано непосредственно после арестов и лучше всего характеризует создавшееся положение. Приведу выдержку из этого письма.

«Чем все это (аресты) объясняется? Несколько гипотез: 1) Ответ ЧК на статью Ю. О. «Кровавый фарс». 2) Ответ ЦК РКП на отказ английской рабочей партии в приеме коммунистов. 3) Решено создать процесс и 4) Просто очередная расправа, но с тем, чтобы больше легального существования меньшевиков на воле не допускать, т. е. ликвидация легальных меньшевиков. Я не делился мыслями с товарищами и не знаю их взглядов на этот вопрос. Лично я совершенно отметаю первые две гипотезы. Третья, несомненно имеет под собою почву: и характер арестов (Колокольников, Верховский и т. д.) *) и некоторые реплики чекистов при обысках — все это как будто говорит за процесс. Таково, между прочим, мнение Н. Д. Соколова. Но я, грешный, плохо верю в процесс, — каково же будет содержание? — и останавливаюсь на 4-й гипотезе: ликвидация легальности меньшевиков, загон в подполье. Почему теперь? На это я даю такой ответ: во 1-х, «либераль-

---

*) Колокольников, Верховский, Грановский — правые меньшевики — не были членами партии. В случае процесса ЧК было бы поэтому выгодно присоединить их. Надо отметить достойное поведение П. Н. Колокольникова, заявившего на допросе: «я не член партии, но принимаю ответственность за нее».

ный» Коминтерн наконец разрешил, — статья Радека; во 2-х, так как уголовно-процессуальный кодекс вводится, как и прокуратура, в действие с 1 августа, то надо поторопиться, ибо неудобно же в самом деле начать с наплевательства на собственный кодекс! … Вот и почистили остатки. Думаю, что все это прошло по всему лицу Совдепии, и погром носит всероссийский характер.

Правда, не пришли ко многим меньшевикам, оставили в покое даже Беловского, Берковича и Девяткина, но они после 11 дневной голодовки — «краше в гроб кладут». Беркович лежит. Поправятся, — придут и к ним. Ныне ГПУ рассылает повестки тем, кого не застукали, с предложением «явиться в 24 часа». Ну и наглость! Какие выводы я делаю из всей этой истории? Самые печальные. Правда, у нас сохранился более или менее «аппарат»: и получение «Социалистического Вестника», и техника, но как действовать, когда нельзя нос высунуть? Ясно, что при правильности 3-й или 4-й гипотез нам всем надо: либо сесть, либо уехать. Куда? Где тот город, где нас не знают? Где паспорта? Где явки? Где квартиры? Где деньги? Мыслимо ли при отсутствии всего этого и присутствии в каждом крупном центре знакомых коммунистов — мыслимо ли нам, ф и з и ч е с к и м   л и ц а м, перейти на нелегальное положение? Я не вижу пока никакой возможности и думаю, что вопрос об эмигрировании станет в ближайшие недели вплотную. А это значит, что партия остается разбитой и в течение 6-8-10 месяцев ей не удастся оправиться: пока не будут все таки созданы хоть какие нибудь возможности и формы; не произойдет переселения и т. д. Наконец, за такой срок мало ли что может произойти.

Первый вопрос, который встает — это вопрос о ЦК: во 1-х, из законного состава ЦК остались только двое, и, следовательно, вопрос о составе ЦК не может не стать, а, во 2-х, по моей гипотезе и эти двое (также, как и я и многие другие) подобно отработанному пару выходим в «чистую отставку», ибо «становимся импотентны для какой либо полезной работы партии.»

Что в этих моих рассуждениях проявилось «паникерство», — нет сомнения, но тогда казалось совершенно невозможным тут же перестроиться и вести дальше работу без перебоев. На воле остались единицы, и прошло десять дней, прежде чем удалось связаться с уцелевшими на воле членами ЦК. Бурный Рашковский, с которым я связался сейчас же, так как он не признавал никакой конспирации в отношении своей персоны, — тщетно пытаясь разыскивать Плескова и Рубина, решил в порядке личной инициативы восстановить партийный центр, и однажды я получил от него приглашение прибыть на заседание ЦК. Однако, когда я пришел в условленное место, то кроме Рашковского я нашел

на заседании вместо Плескова и Рубина — Коробкова и Кушина. Пришлось товарищам разъяснить, что поскольку на воле имеются два члена ЦК, мы не в праве без них заседать. Наконец,
Рашковский разыскал и Плескова. Впервые мы собрались все
в «гриме»: в очках, в странной одежде, — одни сбрили бороду и
усы, другие наоборот, отрастили их. Кругом были какие-то чу-
жие лица.

Первый вопрос был о воссоединении центра. Собравшись втроем, мы кооптировали в ЦК тов. К. и Ш., намеченных уже ранее
на случай ареста кандидатами в ЦК, и назначили день следующего заседания всей пятерки. Настроение было невеселое. Увоз
почти всех арестованных 5 июля в Ярославскую каторжную
тюрьму говорил ясно, что все это — всерьез и надолго. Ни паспортов, ни денег не было. В течение трех месяцев не было ни
одного письма от Заграничной Делегации, и только по материалу
«Социалистического Вестника», который аккуратно получался,
можно было заключить, что наши письма Заграничная Делегация получает. Причины молчания Заграничной Делегации были
непонятны. Затем наступили финансовые трудности. Мы и раньше с трудом справлялись с ними, получая субсидии от Заграничной Делегации и изворачиваясь всякими способами. Как кассиру,
мне приходилось постоянно жонглировать «миллионами». А теперь нам нужен — миллиард; что означал в реальности тогда
миллиард, — не помню.

Когда наша пятерка создалась, и в нее вместо К. и Ш вошли
Миша и Филипп, люди энергичные и активные, то вскоре от наших опасений и паники ничего не осталось. Работа ЦК, что называется «закипела». Вступление в ЦК тт. Миши и Филиппа произошло таким образом. По докладу Рубина ЦК Бунда выделил
обоих в наш партийный центр, и ЦК тотчас кооптировал их в свой
состав. Тогда же встал вопрос о секретаре ЦК. Возложить эту
работу на нелегального Ионю было рискованно, тем более, что на
нем лежали ответственные функции по работе в Москве, с которой он был прочно связан. Секретарем была приглашена ранее
неизвестная нам и недавно прибывшая в Москву Наташа. В ее
лице мы приобрели очень ценного работника. Ее преданность,
исполнительность и конспиративные способности не оставляли
желать лучшего. Она не вызывала подозрений и не привлекала
внимания шпиков. У нее и вид был задорный и беззаботный, —
слегка кокетничающей молодой хозяйки с авоськой в руках. На-
таше удалось довольно долго поработать на весьма опасных по-
стах, и когда она была однажды арестована и приведена в ЧК,
то так удачно разыграла чекистов, что они ее отпустили. Впоследствии он была арестована в Петрограде и сослана на Солов-

ки. Хочется сказать, что если в ту пору наша партия сравнительно легко оправилась от нанесенных ей ударов, то это только благодаря таким самоотверженным молодым товарищам, как Наташа, готовым без раздумья отдать себя на служение партии.

К этому времени в Ярославской тюрьме образовалась солидная колония арестованных товарищей. Среди них были три члена ЦК — Югов, Бер и Кузовлев, с которыми мы стремились согласовать нашу работу. Связаться с ярославцами нам удалось тем легче, что Югов был очень скоро по болезни освобожден из тюрьмы с правом проживать на воле и с последующей высылкой за границу. Пока он был в Ярославле, мы сносились с ним, а через него с Бером и Кузовлевым. Спустя месяц Югов уже был в Москве в ожидании высылки за границу.

Хочу упомянуть здесь об одном небольшом инциденте. Председатель ВСНХ хлопотал тогда об освобождении и высылке за границу С. Л. Вайнштейна (Звездина). Дзержинский отказал в этом, добавив: «Ведь он входит в Бюро ЦК»! На вопрос, откуда ему это известно, Дзержинский ответил: «Вольно им каждую сволочь к себе пускать. Я это так же хорошо знаю, как будто сам там был». Так как Вайнштейн не входил в Бюро ЦК, и Бюро ЦК не собиралось на его квартире, то степень осведомленности Дзержинского казалась весьма сомнительной. Правда, на квартире Вайнштейна совещались по вопросу об участии в защите эсеров. Повидимому, Дзержинский, стремясь внести деморализацию в нашу среду, преувеличил свою осведомленность.

***

Угрозу деморализации принес с собой уход А. Плескова, избранного еще кандидатом в ЦК на последнем легальном съезде партии в декабре 1917 года. Политическая позиция Плескова довольно давно отличалась своеобразием. Срывы в его поведении, казалось, вытекают из его непомерной левизны. Но мы, хорошо его знавшие, склонны были видеть в них прежде всего проявление какой-то болезненной нервозности. Измученный тюремными отсидками, болезнью, материальной нуждой, Плесков порой, когда в увлечении развивал разные теории, производил на нас даже жалкое впечатление. Его конспиративность доходила притом до шпиономании, а цепляние за легальность принимало утрированный характер. Процесс эсеров сильно ухудшил состояние его нервов. Последние же аресты в начале июля и ставший уже совершенно неизбежным уход в подполье вызвали у Плескова полную растерянность.

Во время эсеровского процесса большевистская печать открыто угрожала нам судьбой эсеров. Зиновьев заявил на конференции РКП, что меньшевики на деле готовят вооруженное восстание и только на словах всячески отказываются от него, применяя орудие «военной хитрости».

«Задача нашей партии, — говорил Зиновьев, — заключается теперь в том, чтобы политически ликвидировать меньшевиков... Большевики не будут более так скромны, чтобы ограничиться тем, чтобы кое-как обезвреживать меньшевиков. Наступление будет продолжаться, и мы полностью ликвидируем их».

Наш ЦК счел необходимым немедленно обратиться к членам партии с письмом № 2 от 8 августа («Социалистический Вестник» № 17-39), в котором было указано, что угроза Зиновьева «должна заставить нас удвоить бдительность и осторожность, принять все меры к сохранению партийного аппарата и охранению членов партии от напрасных жертв». Плесков правильно усмотрел в этом письме ЦК шаг к переходу в подполье. Но против письма он не возражал. Да и что можно было возразить? Приблизительно к середине августа Плесков стал с отдельными членами ЦК разговаривать от том, что мы радикально меняем тактику, и что эта перемена совершенно недопустима. Но на вопрос, что же он другое предлагает, Плесков никакого ответа дать не мог. В конце августа на заседании ЦК Плесков обратился за товарищеским советом к нам: как ему быть? Он считает невозможным перейти в подполье, а легально большевики работать не дают. Как же поступить? ЦК отказался в официальном заседании обсуждать личный вопрос Плескова. Прервав заседание, мы тотчас начали его отчитывать. Очень резко выступил против Плескова Филипп, прижавши его к стенке своими вопросами, и на основании его же собственных рассуждений вынудил его признаться, что он считает себя в сущности... контрреволюционером. Я же ему прямо сказал, что уход его из партии в такой момент будет всеми понят, как акт трусости и дезертирства, и морально скомпрометирует его. Плесков остался нами очень недоволен, но сознался, что он действительно собирается уйти из партии. После этого в заседаниях ЦК он больше не участвовал, а в начале сентября сообщил Мише, что решил ряды нашей партии покинуть.

Плесков заявил, — правда, неохотно, — что если мы ему дадим нужные средства на поездку за границу, он готов уехать. Мы ему предлагали эту поездку совершить: там посоветуешься с Мартовым и решишь вопрос, а если не передумаешь, то там и выйдешь из партии, — по крайней мере никто тебя трусом не назовет. На следующий день Плесков звонил к Мише относительно денег и требовал окончательного ответа к вечеру того же дня. Денег у нас не было, тем не менее мы решили напречь все силы и выправить Плескова за границу. Вечером в точно назначенный час Миша позвонил Плескову и сообщил, что указанная сумма будет ему дана. Но Плесков неожиданно заявил: «Нет, не надо. Я решил другое». Когда Миша передал этот диалог, то осадок получился у нас весьма неприятный. Плесков сообщил, что он намерен легализоваться.

10 сентября он прислал в ЦК обширное заявление о выходе из партии, на котором почему то была проставлена дата от 20 августа. В этом заявлении Плесков утверждал, что «с начала июля, т. е. с 3-го числа я фактически нахожусь вне РСДРП, так как не принимаю никакого участия в партийных делах». Это было абсолютно неверно. Повидимому, Плесков страховал себя перед ГПУ на случай процесса. Рассуждения его были путаны и нелепы.

Когда вскоре появилась в «Социалистическом Вестнике» статья Ю. О. Мартова «Наша платформа», Плесков обратился ко мне с просьбой вернуть ему представленное им ранее заявление. — «Теперь после этой статьи — сказал он, — я мог бы мотивировать свой уход принципиальными разногласиями, а то меня спрашивают, почему я вышел из партии, — и что я скажу? Несогласен с новой тактикой? Но ведь тогда этой новой тактики еще не было» ... Я отказался вернуть ему заявление, чтобы он мог задним числом исправить мотивировку своего ухода. Все это произвело на нас столь тягостное впечатление, что ЦК, приняв к сведению заявление Плескова об уходе, постановил: «Запретить Плескову при явке в ГПУ давать показания о составе ЦК и о характере заседания 3 июля».

Я остановился на этом инциденте во-первых потому, что как-никак, а Плесков был последним в России законным членом ЦК, а во-вторых потому, что кое-кто из товарищей считал, что мы по своей вине не сумели его удержать.

В начале августа в Москве появился Мартынов. Мы недоумевали, где находился в течение четырех лет революции этот член ЦК и почему он не подавал своего голоса? Оказалось, что он отсиживался на Украине в какой-то дыре — Ялтушках, где делал свои наблюдения по «философии истории». По приезде в Москву Мартынов первым делом отправился с визитом к влиятельному тогда Радеку, но ни с кем из меньшевиков даже не счел нужным повидаться. Явно неприличное поведение Мартынова нас возмутило. Мы сообщили об этом Заграничной Делегации в виде краткой приписки к письму от 9 августа: «Да, приехал в Москву Мартынов, и первым делом отправился с визитом к Радеку. С нами даже не повидался. Для нас он умер». Это все. Мы, конечно, не могли предполагать, что этот муж вскоре станет у большевиков акушеркой для принятия спасенных душ покаявшихся меньшевиков.

Мартов был поражен нашим сообщением. Он писал, что знал Мартынова много лет и никак не ожидал от него такой гадости. Некоторые товарищи склонялись к другому объяснению поведения Мартынова. Далин писал нам: «Если это так, то умственные способности Мартынова измеряются обратно пропорционально его лысине».

***

В августе в Москву прибыли первые беглецы из ссылки. Я уже писал, что в марте в разгар переговоров об едином фронте в Харькове был арестован ряд видных меньшевиков, которых сослали в Туркестан. Ссылка при большевиках была еще новым институтом. Жить на местах было нечем, и прозябание там оказалось бессмысленно. Поэтому вооружившись фальшивками и скромными деньгами, наши ссыльные пустились в обратный путь. Однажды на явку в мое убежище явилась взволнованная Наташа и сообщила неожиданную и радостную весть: приехали пять ссыльных из Туркестана и надо их срочно устраивать. Среди них — Г. Д. Кучин-Оранский, а из молодежи — Бернштейн. Совершенно ясно было, что пришла нам смена. Их в Москве никто не знает, и они волей-неволей будут нашими партийными «профессионалами». Велика была наша радость, но велики и предстоящие заботы: квартиры, документы, деньги.

Со времени процесса эсеров с квартирами стало очень трудно. Мне часто приходилось кочевать с ночевки на ночевку и не потому, чтобы квартира провалилась, а потому, что хозяева впадали в панику, и было невозможно подвергать их пытке страхом. Мне пришлось несколько дней и ночей ютиться у знакомых на чердаке, который днем запирался на ключ. Но раз у ссыльных были бумаги в порядке, то и квартиры нашлись, и жизнь их более или менее наладилась.

Кучин жил где-то на Мещанских, изолированно от всего света. Он оброс большой бородой и днем не выходил из дому. Я тоже щеголял в бороде, совершенно на себя не похожий. Все мы носили клички, скрывались кто-где, но обсуждали все тот же проклятый вопрос о легальности. В августе начались заседания Бюро ЦК в новом составе с участием Кучина. Обсуждая, как легальность сохранить, сошлись на компромиссе. Мы конспирируем почту, сношения с заграницей, получение и распространение «Социалистического Вестника», разумеется, технику, т. е. типографию, но принципиально продолжаем считать себя легальной партией, выступаем в Советах и при арестах признаем свою принадлежность к партии.

Чтобы подчеркнуть, что наша партия по-прежнему остается на позициях легальности, Бюро ЦК приняло 23 августа и разослало местным организациям обширное циркулярное письмо № 3 («Социалистический Вестник» № 18-40 от 27 сентября 1922), в котором подчеркивалось, что «партия остается на старой своей тактической позиции, и как бы правительство не хотело сделать ее нелегальной, она с этим помириться не может и должна продолжать борьбу за свое открытое влияние». Вместе с тем Бюро признавало, что «легальные возможности сократились до минимума. Центр тяжести естественно переносится в отрасли работы, требующие особого охранения».

Провести на практике такую комбинацию легальности и подполья было очень трудно. Из местных организаций постоянно поступали запросы, как надо держать себя на допросах во время ареста. Еще в августе московский комитет постановил исключить из партии Минца, — и опубликовать об этом, — за то, что он на допросе отрекся от принадлежности к партии и тем купил себе свободу. Это было опубликовано в «Социалистическом Вестнике» 21 сентября. А когда этот номер дошел до местных организаций, то в Бюро уже обсуждался вопрос о необходимости, в целях сохранения остатков партии, предписать всем отрицать на допросах свою принадлежность к партии. Этот вопрос обсуждался на каждом заседании Бюро ЦК. Мы находились в погромной полосе и не успели еще приспособиться к новым условиям. Местные организации были так же разбиты, как и центр. Тогда было принято решение, что в целях сохранения и консолидации того, что есть, необходимо созвать партийное совещание. В работе по созыву совещания, кроме Наташи, нам помогал еще один молодой товарищ Мирон (потом они оба очутились на Соловках). В то же время пришлось постановить о роспуске ЦК, избранного в 1917 году, о переходе руководства всей работы к Бюро ЦК и о реорганизации работы на местах. Тогда же Бюро ЦК постановило признать «Социалистический Вестник» — «центральным органом РСДРП», и с № 20-42 он так и называется.

Основной движущей силой в те дни стал Г. Д. Кучин. И по своим личным качествам, и по партийному стажу, и по общероссийской известности (на Государственном Совещании в Москве в 1917 году он выступал с ответом армии генералу Корнилову), он вполне естественно и заслуженно занял центральное место. Именно он поставил перед нами вопрос о необходимости встряхнуть партию, влить в нее новую энергию, а для этого созвать совещание местных организаций. Несмотря на чрезвычайную трудность созыва совещания, важность его признавалась всеми.

В октябре совещание состоялось в Москве. Как раз накануне провалилась подготовленная нами квартира. Срочно была найдена другая, малоудобная и находившаяся под самым носом ГПУ. Но выбора не было, отступать было невозможно, и мы решили пойти на риск. Делегатов было довольно много, и они с утра начали по одиночке появляться. Один делегат почему-то вызывал подозрение, и ему адреса не дали, но Наташа привела его на совещание. Все участники оказались взаперти до окончания совещания. Бюро ЦК решило, чтобы на совещание пошли только Кучин, Леня и Миша, а Филипп, я и кто-то третий оставались в запасе на случай провала. Когда Наташа явилась с сообщением к нам, что работы совещания закончились благополучно, мы все торжествовали. Но настоящими виновниками торжества были Кучин и Наташа, и они имели на это все основания.

О политическом содержании совещания можно судить по резолюциям, опубликованным в № 21-43 «Социалистического Вестника» от 2-го ноября. Что касается организационных вопросов, то совещание высказалось за перенесение партийного центра за границу, предписало местным организациям законспирировать свою работу. Но все же совещание так и не могло решить вопрос о легальности. Одновременно решено было поставить технику, а совместить нелегальную типографию с легальностью оказалось никак невозможно. Упорствуя и упираясь, партия вынуждена была только к концу года принять радикальное решение: объявить о роспуске организаций и разрешить членам партии отказываться от принадлежности к ней на допросах.

***

Летом после эсеровского процесса власти заявили, что больше высылок за границу не будет, ибо они себя «не оправдали». А тут вдруг Б. О. Богданов и я получили от ГПУ приговор о высылке за границу. Я его получил 1 ноября. После нас такие же приговоры получили М. А. Броунштейн, П. А. и С. С. Гарви, Я. С. Новаковский и еще кто-то. В ноябре нам выдали паспорта с визой на 30 дней. В паспорте в графе «цель поездки» было указано — «высылается из пределов РСФСР». Мы потребовали, чтобы было вписано, за что именно, за какое преступление мы высылаемся. Кроме того, мы отказывались платить за паспорт 20 рублей, так как мы уезжаем не по своей воле. Андреева и Дерибас из ГПУ долго не соглашались, и на споры с ними ушел месяц. Наконец, в декабре обменяли нам паспорта и как цель поездки указали — «отправляется в Германию». Срок выезда — 25 января 1923 года.

Теперь надо было окончательно сдать дела. Принял их от меня Кучин. Все явки, адреса, шифры, клички пришлось ему затвердить наизусть. Новый год мы встречали у меня. Кроме Кучина и его жены Иды были и другие, легальные и подпольщики. На другой квартире, с тем же риском, собрались другие товарищи. Все прошло благополучно. Настроение было бодрое. Морально и идеологически мы чувствовали себя победителями при всех наших бедствиях.

В январе 1923 года распространился слух о тяжкой болезни Ленина. Знакомый большевик из верхушки шепнул, что в виду болезни Ленина в Кремле образована диктаторская «тройка» в составе Зиновьева, Каменева и Сталина. Я отнесся к этому скептически: при чем тут Сталин? А где же Троцкий? Встретил на улице М. И. Либера и поделился с ним этим слухом и своими сомнениями. Либер не был удивлен и сказал: — «Диктатуре нужен кулак. Ни Зиновьев, ни Каменев кулаком быть не будут. А Сталин — это кулак»... — Неужели Сталин заменит Ленина? Либер развел только руками...

25 января я покинул Россию. Б. О. Богданов не успел собраться в дорогу и пошел хлопотать об отсрочке паспорта. Его уже сразу посадили в тюрьму. В эти дни на поверхности уже не осталось ни одного активного меньшевика. Русский социализм весь ушел в глубокое подполье, а коммунисты, верные заветам Ильича, учились торговать. Расцветал нэп, и на авансцену советской жизни выходил торжествующий мещанин с партбилетом в кармане.

Берлин, декабрь 1924 г.

ПРИЛОЖЕНИЕ 1.

РОССИЙСКАЯ СОЦИАЛ-ДЕМОКРАТИЧЕСКАЯ РАБОЧАЯ ПАРТИЯ

Пролетарии всех стран, соединяйтесь!

КО ВСЕМ РАБОЧИМ И РАБОТНИЦАМ

Товарищи,

Три с половиной года прошло со времени октябрьской революции. За это время наша партия, верная интересам революции и рабочего класса, постоянно указывала всем рабочим на ошибочность и гибельность большевистской политики. Становясь с большевиками бок о бок, плечом к плечу каждый раз, когда внешняя или внутренняя контрреволюция угрожала республике, и принимая участие в борьбе с хозяйственной разрухой, мы в то же время боролись с большевиками за изменение их ложной политики. Лишенная свободы слова, печати, собраний, разбитая и брошенная в тюрьму с.-д. партия пользовалась каждой возможностью, чтобы вести борьбу свою. Прошло три с половиной мучительно тяжелых года. Теперь, когда сами большевики вынуждены менять свою политику, пора подвести итоги нашей борьбы с большевиками, пора выяснить, кто же из нас оказался прав.

«Мир, хлеб, свобода» (Октябрь 1917 г.)

Мир, хлеб и свободу обещали большевики рабочему классу России, когда производили октябрьский переворот. Всякого, кто тогда не поддерживал их, они объявляли врагом народа, так как они были, по их словам, «против мира, хлеба и свободы». Мы, социал-демократы, указывали рабочим, что в условиях величайшей разрухи, вызванной войной и экономической отсталостью России, вооруженный захват власти неминуемо вызовет гражданскую войну, голод и тюрьмы, лишение свободы слова, печати, организаций и т. д. И вот, что пережили рабочие с 1918 года, имея единственное утешение в том, что власть будто бы находится в их руках.

«Настоящая пролетарская революция» (Ноябрь 1918 г.)

Если большевики объявили в октябре 1917 года, что произошла пролетарская революция, если рабочие во имя этой мечты своей несли неслыханные жертвы, то оказалось, что этого недостаточно. На 8-м съезде коммунистической партии Ленин заявил: «в октябре 17 года ... была революция буржуазная, только летом 18 года началась настоящая пролетарская революция в деревне» (а Россия, как известно, вся деревенская), так как только тогда произошло, по словам Ленина, то, что для всех социалистов является основным, без чего социалисты — не социалисты: выделение в деревне пролетарских и полупролетарских элементов. Что произошло в 18-м году? Были созданы знаменитые «Комбеды», которые вооружили всю деревню против города и вызвали у крестьян недоверие к революции. И этим путем, уверял Ленин на этом-же съезде, «мы завоюем доверие крестьян и лишь тогда мы можем итти дальше». Но дальше Комбедов итти было некуда, а завоеванное у крестьян доверие было таково, что Комбеды пришлось закрыть. Конечно, нас, социал-демократов, травили «прихвостнями буржуазии», когда мы указывали им на гибельность этого пути.

«Скорее ляжем все костьми» (Декабрь 1919 г.)

Комбеды доверия крестьян не вызвали, а продотряды и разверстки, против которых мы протестовали, довершили дело, и крестьянин стал «бунтовать». Крестьянин требовал свободной торговли и на 7-м Съезде Советов в декабре 19 года Ленин говорил им в ответ: «Крестьянин — собственник, он желает продавать хлеб свободно, он хочет свободной торговли и не понимает, что свободная продажа хлеба в голодной стране есть свобода спекуляции, свобода наживы для богачей. А мы говорим: на это мы не пойдем никогда, скорее ляжем все костьми, чем сделаем в этом уступку». Так говорил тогда Ленин, и еще в декабре 20

158

года на 8-м Съезде Советов он с негодованием отверг предложение нашей партии заменить разверстку продналогом, так как это, мол, разрушает социалистический план. «План» победил здесь, как и в других областях. Когда мы говорили, что социальная революция в России возможна только при такой же революции в Западной Европе, большевики смеялись и называли это «издевательством над марксизмом» (Зиновьев): такого, мол, закона нет, где ей раньше быть. Когда мы говорили, что в отсталой стране крестьянского хозяйства, как Россия, социальная революция есть длительный процесс, исчисляемый десятилетиями, — большевики называли нас предателями рабочего класса; когда мы утверждали, что нам нельзя ставить на немедленную соц. революцию в Зап. Европе — нас уверяли, что революция в Европе уже готова. Когда, наконец, мы всегда и всюду требовали от большевиков, во имя спасения революции, честного соглашения с крестьянством, указывая, что класс крестьян нельзя удовлетворить брошюрами, резолюциями и речами «всероссийского старосты», то нас ... сажали в тюрьму.

«И в результате ... ошибка в учете»

«Ошибка в учете» — так назвал Ленин на X Съезде РКП результат трех с половиной годичной управы большевиков. «При нашем наступлении в польскую войну была сделана ошибка» (а, ведь, раньше об этом и заикнуться нельзя было), а если мы возьмем работу продовольственную, то мы видим аналогичную ошибку. «Правильно распределить наши рессурсы мы не сумели», так говорил Ленин. Если большевики нас уверяли, что мы сразу входим в царство социализма, то теперь Ленин признал, что «такое дело может во всяком случае исчисляться не менее чем десятилетиями», а тех, кто думал это проделать в три года, Ленин называет «фантазерами» и «нечего греха таить», говорит он, «таких фантазеров в нашей среде было не мало». Вот оно что. Значит мы, социал-демократы, Фомы неверующие, были лишь не фантазеры, а марксисты. Оказалось далее, что «помощь из западно-европейских стран не приходит так быстро, как мы этого хотели бы», и Ленин уже знает, что только соглашение с крестьянством может спасти социалистическую революцию в России, пока не наступила революция в других странах. Он даже признает, что «классов обмануть нельзя, а удовлетворяются они не бумажками, а материальными вещами».

Вот какие вещи мы узнали от Ленина на X съезде РКП. А ведь, смотрите, как это все похоже на то, что мы говорили все время и за что казенные писатели нас изо дня в день ругательски ругали в газетах, а казенные чрезвычайки сажали нас в тюрьмы. Большевики очень просто разрешили теперь свой вопрос: повторили на съезде все те зады, которые мы уже устали им твердить, а для успокоения своей совести одновременно посадили нас по всей России в тюрьмы, авось никто не напомнит тогда, а рабочие и забудут все, что все это говорили мы, социал-демократы.

«Значит, назад к капитализму» (Март 1921 г.)

И вот, когда все стало понятно и для большевиков, Ленин отказался лечь костьми, как он угрожал на 7-м съезде, и признал на X съезде РКП в марте 1921 г., что нужно восстановить свободу торговли, свободу капитализма для мелких землевладельцев. И не боясь слов и не фантазируя, он заявил: «Свобода торговли — значит назад к капитализму», ибо отсюда происходит разделение на капиталиста и на наемного рабочего т. е. воссоздание снова капиталистического рабства. Большевики решились на это потому, что они узнали, говоря словами Ленина, что «политика есть отношение между классами — это решает судьбу республики» — и когда выяснилось, что в результате политики большевиков в отношении крестьян, Комбеды, разверстки и т. п. — отношение между классом крестьян и рабочих стало таким, что судьба республики сделалась весьма непрочной, то большевики забыли о «настоящей пролетарской революции» и вынуждены были ввести свободную торговлю. Они поняли то, что мы постоянно утверждали: что пролетариату выгоднее сохранить в руках государства только наиболее концентрированные отрасли промышленности и крупные предприятия, а в остальных допустить кооперативы и частную инициативу. Это не есть восстановление господства капитала. Это единственный залог государственного возрождения России и потому новая экономическая политика Советской власти, если она будет осуществляться в жизни, должна найти в рабочем классе деятельную поддержку.

«Что же дальше»

Прежняя «ошибка в расчете» своих сил обошлась рабочему классу очень дорого: голод, холод, полный хозяйственный развал, сокращение посевной площади, волнения и стачки в городах, волна крестьянских восстаний, Кронштадт... Этот путь слишком

160

дорого стоит, слишком мучительный и слишком опасный для революции. А раз хозяйственная политика большевиков потерпела полный крах и они повернули фронт и заговорили разумным языком, то надо им понять, что без коренного изменения общей политики не поможет и объявленная свобода торговли. Разве может крестьянин собственник быть уверен в своей собственности, если он бесправен, если он не участвует во власти, если остается административная расправа чрезвычаек и отсутствует свобода слова, печати. Ведь чего доброго крестьяне могли читать в агитпунктах книжки Ленина, и они могли их съагитировать. А никто иной, как Ленин, писал в октябре 17 года (Просвещение № 1-2 стр. 28, 29) «подумайте только, в демократической республике с 80% населения из крестьян довели их до крестьянского восстания» ... Довести крестьян до восстания и иметь бесстыдство говорить: «надо потерпеть, надо подождать, довериться тому правительству, которое военными штыками усмирит восставших крестьян». Ведь после такой агитации Ленина крестьяне смогут и большевистскому правительству не довериться ... Возможно ли соглашение с крестьянством, которое лишено права организованным путем обсуждать свои дела, выносить свои решения и проводить их в жизнь. Нет, советская власть должна изменить свою политику, осуществить полностью рабочую демократию и дать крестьянам действительную возможность заявлять свою волю и свои требования. Советская власть должна объявить полную свободу выборов в Советы Рабочих и Крестьянских Депутатов, должна объявить слободу слова, печати и собраний для всех трудящихся, должна гарантировать неприкосновенность личности и отменить административные расправы.

Пока эти меры не проведены, страна стоит еще перед опасностью новых вспышек крестьянских волнений, новых попыток внутренней и внешней контрреволюции. Большевики говорят, что проведение указанных мер опасно для революции. Это неверно, как неверно их утверждение, что нельзя было ввести продналог в прошлом году, так как нечем было кормить армию. Продналог, если бы он был введен раньше, спас бы от сокращения посевов. Рабочая демократия, если она будет проведена теперь, окончательно вырвет почву из под ног контрреволюции и закрепит позиции пролетариата в России. Все сознательные рабочие должны добиваться дальнейшего изменения политики власти, должны толкать советскую власть вперед по пути уступок рабочим и крестьянским массам, на котором она теперь сделала только первые шаги ... И если правда, что «класс обмануть нельзя», если большевики понимают и учитывают всю опасность, которая грозит республике и рабочему классу, если они собираются честно провести свое соглашение с крестьянством, то они должны немедленно: **1) создать свободно избранные советы, 2) установить неприкосновенность личности, отмену административных расправ и ответственность всех граждан перед судом, 3) объявить свободу слова и печати, 4) гарантировать свободу рабочим и крестьянским профессиональным организациям.**

Без этого, крикливые слова о перемене политики останутся пустым звуком.

Товарищи-рабочие,

Соц.-дем. партия вам никогда не давала несбыточных обещаний и не льстила массам. Вы видите, что мы были правы во всем. Этого не смогут скрыть и большевики.

Загнанные теперь в тюрьмы и подвалы чрезвычаек, в застенок и подполье, мы оттуда обращаемся к вам:

Во имя спасения революции, требуйте от власти перемены политики, перевыборов депутатов в Совет, давайте им наказы, поддерживайте наши требования. Без этого революция не может быть спасена . . .

ЦК РСДРП

19/IV — 1921 г.

ПРИЛОЖЕНИЕ 2.

РЕЗОЛЮЦИЯ ЦК РСДРП

Обсудив вопрос об организации борьбы с голодом, ЦК РСДРП вынес след. резолюцию:

Существующий режим партийной диктатуры, политического бесправия трудящихся и террора

во 1) крайне затрудняет необходимое для успеха борьбы развязывание самодеятельности, энергии и инициативы народных масс;

во 2) не допускает создания свободных, независимых от бюрократической опеки организаций, единственно способных двинуть на борьбу все народные силы и широкие массы трудящихся;

в 3) задерживает возможно более скорый приток крайне необходимых средств из за границы;

в 4), наконец, препятствует преодолению хозяйственного кризиса и возрождению народного хозяйства, что является единственным радикальным средством ослабить последствия голода и избегнуть опасности его повторения в будущем.

Созданные в этих условиях по инициативе господствующей коммунистической партии комиссии ВЦИК, ВЦСПС и губпрофсоветов в своей деятельности связаны бюрократической ограниченностью и опекой. Претендующий на представительство так называемый «общественный» Всероссийский Комитет помощи голодающим, наряду с представителями власти, составлен из таких общественных элементов, которые до сих пор были враждебны или, по меньшей мере, пассивны в отношении революции и социалистического строительства и которые сейчас совершенно оторваны от народных масс. Для характеристики комитета достаточно указать, что он с самого начала не проявлял никакого стремления к отстаиванию своей самостоятельности, добровольно подчинил себя бюрократической опеке власти и охотно пошел навстречу требованию власти, чтобы в Комитет не были допущены представители социалистических партий и рабочих и крестьянских организаций. При таких условиях, Всероссийский комитет также не может, конечно, явиться органом мобилизации и объединения народных сил для борьбы с голодом.

Вместе с тем положение настолько катастрофично, что широчайшая помощь и энергичная борьба с голодом не может быть отсрочена ни на минуту и требует безотлагательного напряжения сил всех граждан страны — в первую голову трудящихся масс.

Исходя из всего этого ЦК РСДРП предписывает всем членам партии и призывает всех трудящихся немедленно принять самое активное участие как в непосредственной организации помощи, так и в борьбе с причинами и последствиями голода.

В этих целях ЦК предлагает организациям в частности:

а) делать отчисления с заработков и пайков,

б) организовать сборы пожертвований,

в) участвовать в организации трудовой помощи и общественных работ,

г) по мере освобождения членов нашей партии из тюрем и предоставления нашим организациям возможности восстановить свою деятельность, мобилизовать своих членов, преимущ. продовольственников, кооператоров и врачей для непосредственной борьбы с голодом,

д) организовать широкие ячейки и создавать свободно избранные комиссии в предприятиях, учреждениях, кооперативах и союзах,

е) добиваться реорганизации комиссии ВЦСПС и губпрофсоветов путем привлечения туда свободно избранных представителей всех рабочих организаций — профессиональных, кооперативных и иных, а также рабочих ячеек и комиссий, непосредственно возникших в низах для борьбы с голодом, стремясь из этого создать центр объединения всех трудящихся для борьбы с голодом,

ж) привлекать к делу крестьянские организации, в частности кооперативы.

Одновременно ЦК обращается через свою Заграничную Делегацию к рабочим и социалистическим организациям Зап. Европы и Америки с призывом притти на помощь самим и воздействовать в целях оказания возможно широкой помощи на свои правительства и парламенты.

Призывая к безотлагательному активному участию в борьбе с голодом, ЦК вместе с тем подчеркивает, что для действительного и прочного успеха этой борьбы, для смягчения его последствий и для устранения опасности его повторения, необходимо последовательное проведение экономической политики, соответствующей объективному положению страны, что в свою очередь требует изменения общей политики и в первую голову — демократизации советской власти, установления гражданских свобод и прекращения системы террора, достигшей в последнее время таких размеров, что тысячи членов нашей партии месяцами содержатся в тюрьме в условиях голодного существования и режима царского застенка, без всякого предъявления обвинения, единственно за принадлежность к РСДРП.

Центральный Комитет РСДРП

Москва, 8/VIII, 1921.

Г. КУЧИН-ОРАНСКИЙ

ЗАПИСКИ

Очутился я в Москве в начале августа 1922 г. Первые полтора месяца жил, переходя с ночевки на ночевку. Уже тогда это было очень трудно, число «сочувствующих» квартир было уже ограничено. Днем я почти не выходил. Если назначались заседания днем, то только в виде исключения. Первое заседание Бюро ЦК. Почти все члены Бюро ЦК, образованного незадолго до моего приезда, были уже на нелегальном или полулегальном положении. Скрывались по дачам. Почти все они оказались на счету у ГПУ после того, когда в июле месяце неожиданно было накрыто заседание ЦК*) (все были случайно отпущены). Леня пришел без усов (его я не сразу узнал), Юлий — в очках и бороде (тоже трудно было узнать, крайне мрачная фигура с надвинутой на лоб шляпой), был и Петя (Филипп, Аркадий) уже совсем нелегальный, Миша, такой всегда экспансивный, живой, Павел (один из «братьев») — тоже с бритыми усами. Начинался только нелегальный период. Пустили в ход клички. Мое пребывание сначала даже скрыли от МК.

В первом заседании, помню, обсуждали вопрос об общем положении партии и направлении работы в создавшихся условиях. Чувствовалось очень нервное переживание резко изменившихся условий для партии. Были настроения в пользу полного отказа (даже в принципе) от борьбы за открытое существование партии и окончательное погружение в подполье (кажется, Миша был так настроен). Но восторжествовала иная точка зрения: мы законспирируем определенные отрасли работы, существование наших органов, но принципиально не сходим с позиции борьбы за открытое существование и гласно всюду это заявляем. Ближайшие месяцы были месяцами нашего неуклонного погружения в подполье. Мы принимали для руководства организациями, для поведения на допросах определенные резолюции, в которых неизбежно все больше и больше отражалось это погружение. Но мы б а р а х т а л и с ь , упирались — и в принципе с р а з у не могли и не хотели признать этого.

П р и м е ч а н и е . Заметки несистематичны. Многое, конечно, будет упущено. Общие оценки перемешаны будут с бытовыми данными. Но думаю, что и в таком виде (вынужденном обстоятельствами) заметки дадут общую картину положения партии и ее работы в большевистско-нелегальный период ее истории.
*) Центральный Комитет РСДРП.

Можно считать, что к концу года мы и в принципе стали окончательно подпольной партией. Тогда же в августе мы составили обращение к организациям на основе нашей тогдашней точки зрения. В дальнейшем — подлежащий вопрос ставился у нас чуть ли не каждую неделю, под напором запросов и требований с мест, где прежняя открытая позиция при аресте каждый раз вела к расширению разгрома. Уже на октябрьском совещании Миша хотел провести свою «радикальную» точку зрения, но заняты были опять таки умеренные позиции: опасались, как бы отказ от членства (на допросах) не повел сразу к известной деморализации. Но скоро после октябрьского совещания мы подошли к необходимости декретировать это — см. нашу резолюцию о «роспуске» организаций — и тайную резолюцию о поведении на допросах; последняя потребовала затем многократных разъяснений. Общее состояние партийных связей в этот период (август) было довольно слабым. Регулярных связей не было, распространение «Социалистического Вестника» было не систематичным. Еще действовали легальные «оказии» — благодаря им «Соц. Вестник» попадал фактически в очень многие пункты, но довольно случайно. Организационного закрепления не было. Центр России, Волга, Урал — не были партийно оформлены, но со многими городами этих районов давно была потеряна связь. На Юге организации существовали и поддерживали связь. С Питером тоже была связь. В Москве была организация, но дело шло вяло.

Переход на нелегальные рельсы немедленно уточнил и упорядочил организационную сторону работы. Были в Бюро ЦК распределены наши функции. Подробно было обсуждено житейское положение каждого: Мише и Лене «разрешили» легально вернуться в город, попробовать жить легально. Юлий продолжал жить нелегально, по ночевкам, ведал сношениями с заграницей. Петя (Филипп) устраивался нелегально, как следует. В это время мы уже приступили к паспортному делу и успешно снабдили паспортами многих нуждавшихся.

Я, наконец, тоже нашел комнату — и поселился в Мещанском районе, маленьком домике, в страшной конуре, — прямо гроб, зато тихо, и нет интеллигентных расспросов. Физически было так очень тяжело жить, но житейские условия были очень благоприятны (жена жила со мной целую зиму, не прописавшись) — и мой странный образ жизни (днем не выходил, нигде не служил) в общем не возбуждал подозрений. У меня бывал только наш секретарь, Мирон (ныне в Соловках) и Наташа, тоже выполнявшая иногда технические функции (ныне в ДПЗ*). Был не-

---

*) Дом предварительного заключения.

сколько раз Миша. Больше моей квартиры никто не знал ... Это изображалось, как то, что я даю урок, а вообще я будто занят переводами и статистической работой. Но разыгрывать вечно роль и врать было очень тяжело подчас, особенно возиться со своими очками и бородой. Но в общем сошло все хорошо.

Я начал выполнять организационные функции. Технически сначала работала Наташа, исключительно преданный человек, которая бегала из последних сил и о всех нас заботилась и безпокоилась, как мать; когда мы заседали, она всегда где-нибудь в другом месте дрожала за нас, как потом рассказывали. Потом ее сменил т. Мирон, живой юноша, с которым прекрасно было работать и который очень много сделал, работая тоже массу (взят был, кажется, на улице в начале мая 1923 г., по всем данным, по нитям из того города, где он работал уже, и где его уже искали).

Очень трудно было поставить аппарат нашей центральной работы в самой Москве. С большими усилиями, после долгих поисков и проверок, удалось найти помещения для склада, архива и организовать систему явок, телеграфных адресов и проч. Была явка для провинции, а через нее передавался приехавший товарищ на внутреннюю явку: для последней имелись две квартиры, где Мирон и большей частью я бывали в определенные дни недели. Неменьших трудов стоило иметь квартиры для заседаний.

Вести всю конспиративную работу в Москве было тем труднее, что широкая легальная с.-д. среда в Москве туго поддавалась навыкам подпольной работы, и обо всем, и обо всех шел вечный разговор и болтовня в наших группах по учреждениям. Постепенно стало лучше.

Созвать в октябре совещание было решено еще до моего приезда. Теперь нужно было вплотную приступить к подготовке. Послали на Юг молодого Ионю. То была первая поездка из центра. Он объездил ряд городов, укрепляя связи, развез литературу. Из Питера приезжал к нам Сергей, с которым я виделся. К сожалению, не все города успели приехать (Киев опоздал на один день). Данные о совещании — в письмах Бюро ЦК. Чтобы к нему больше не возвращаться, упомяну лишь следующее. Организация его в самой Москве потребовала много усилий. Леня разъезжал по всему городу, перебрал всех своих знакомых, в поисках квартиры. Наконец, нашли — с утра до вечера, на один день. Приезжавшие делегаты принимались на явке, кое-кому сразу давались ночевки, это было устроено с большим трудом. Потом я виделся почти со всеми до совещания, подробно расспрашивая о местных делах и выясняя попутно все вопросы. Был на «подозрении» один делегат (Екатеринослав); ему адреса квартиры не сказали; по нашему решению Наташа сама его привела на совещание. Остальные получили адрес за один час до начала. Было немного товарищей, но были представлены активные организации и силы партии, это наложило отпечаток на совещание, — оно оставило у всех хорошее впечатление.

Из Бюро ЦК присутствовала половина. Насколько помню, бросали жребий. На случай провала все дела были переданы оставшимся вне совещания. К совещанию готовились старательно. Тезисы обсуждали в нескольких заседаниях, были приняты они единогласно. Шифрин в своих информационных письмах ошибается, говоря о «левой» (якобы Леня). Тезисы международные Лени в Бюро тоже были приняты, их на совещании поставили на голосование, примерно, чтобы выяснить настроение, и тут оказалось, что в международных вопросах совещание правее, чем Бюро ЦК (в Бюро ЦК этот «уклон» тогда имел только Миша). В Бюро же разногласий не было, особенно во внутренних вопросах, и в дальнейшей дискуссии большинство единодушно выступало против представителя правой (Мирра-Марк).

Совещание подняло настроение на местах и дало известную организационную опору Бюро ЦК. После совещания были организованы новые поездки из центра по местам ... Поехал Евсей, который, пробыв месяца полтора — два в Ростове (он ездил по служебным делам), очень много сделал для тамошних дел. Там много наших рабочих оставалось на свободе, широкий круг распространения литературы. Но в кругу организации шел болезненный спор о целообразности партийной работы. М. Г. выступил идеологом «свертывания», разлагая всю атмосферу. К этому времени в Ростов приехали два нелегальных молодых, бежавших в общей компании из ссылки*). Опираясь на них, затем на старого товарища Макса Донецкого, Евсей создал там более действенную атмосферу и заложил основу будущей работы. В это же время поехал Ионя, побывал в Донбассе, в Харькове. Эти поездки местам давали очень много, места чувствовали связь и руководство центра, эта связь была особенно необходима в этот период — шла ликвидация «легальной» партии, шли беспрерывные аресты.

К этому же времени относится приглашение Максима (старого рабочего с.-д.) на разъездную работу. Максим дал нам очень много. Помню, узнав, что он вернулся в Москву к жене (он тогда работал монтером в Богородском), поехал я к нему в Замоскворечье. Имел с ним две долгих беседы. Он отстал, ничего не знал. Он сразу согласился. Благодаря его поездкам, мы восстановили

---

*) Л. Якубсон и А. Зимин — «Общая компания» бежавших из ссылки: Л. Гурвич, А. Зимин, Н. Зингаревич, А. Кранихфельд, Л. Ланде, И. Рапипорт, Б. Сапир, Д. Фальк, Л. Якубсон.

связи с Центральной Россией и Волгой. Был создан ряд рабочих групп. Максим всегда привозил нам хорошие вести . . .

Таким образом в эту зиму 1922-23 г. по мере возможности проводилась централизованная работа, и мы ясно видели наши успехи. Это совпало с дискуссией, — со статьями о новой платформе в «Соц. Вестнике». Можно бесспорно констатировать, что свое погружение в подполье в период 1922-23 г. партия совершала параллельно с подъемом своей идейной жизни. Это широкое оживление необычайно начало беспокоить большевиков, как нам передавали.

Несмотря на тяжелые квартирные условия, собирались мы очень часто. Из Бюро ЦК было выделено т. наз. «малое Бюро» (Леня, Миша и я), которое разрешало все текущие технически-организационные вопросы. Вопросов этих было много всегда. Чем больше мы становились подпольным аппаратом, тем из большего количества труднейших **мелочей** состояла наша работа. Вечным был финансовый вопрос. Сколько раз мы его обсуждали, сколько раз комиссии создавали, намечали лиц, к кому нужно итти и т. д. Никогда у нас не было твердого бюджета. Жили изо дня в день, но все-таки прожили все время, расширяя аппарат (технику и пр.) и имея постоянный «профессиональный» персонал. Вопрос сношения с заграницей постоянно стоял у нас. Были широкие планы более солидной самостоятельной постановки дела транспорта. Обсуждали вместе с Блюмой после первого ее возвращения. Еще больше внимания брали вопросы организации «техники» (об этом дальше особо).

Согласно постановлению октябрьского совещания пытались мы из центра руководить снабжением местных организаций работниками. Это сначала давалось туго. Напр., была интенсивная переписка вплоть до грозных телеграмм, с Киевским комитетом. Подорванный арестами Харьков требовал «секретаря». В Киеве было много товарищей, все они висели на волоске (все легальные), но нам так и не удалось заставить Киев отдать одного товарища Харькову (он в Киеве через некоторые время сел). Первым опытом «переброски» работников для нас была посылка в разные города товарищей, бежавших из Туркестана. Затем это вошло в норму. Возвращавшиеся из ссылки «являлись» в Бюро ЦК на явку и получали назначение (так было с несколькими товарищами из Вятки; один прекрасно вошел в работу в одном пролетарском центре). Дали однажды секретаря главному комитету Украины (неудачного, правда). Много переписывались о персонале, работающем в Харькове и в главном комитете и т. д. Эта наша работа особенно усилилась с лета 1923 г. В период разгрома не-

171

сколько товарищей были взяты с мест на организационную работу в центре, распределялась молодежь. Сергей был взят от Нади для центра, вызван был кое-кто из ссылки (приехали позже), два-три долго держались нами в резерве на профессиональном содержании до получения «назначения». Бежавший из ссылки М. сразу получил назначение в Москву (последовал его арест затем) и т. д. Это были несомненно элементы новой работы, которая моментами сильно связывала места с центром и создавала фундамент централизованной организации партии.

Поездки Максима по рабочим районам принесли нам некоторые интересные его впечатления. Повсюду среди передовых с.-д. рабочих он находил **новые** настроения. Он говорил: если приезжал, скажем, полтора-два года тому назад, никакими силами нельзя было создать действующей организации, сейчас — более активное настроение у этих рабочих, свежий интерес к партии, желание работать, видят новые перспективы, группы создаются сразу. Несомненно, тут был налицо новый процесс в среде передовых рабочих. Хотя пассивность широкой массы оставалась почти неизменной, в передовых слоях на почве роста противоречий в советской обстановке началось известное прояснение в сознании, подавленном всем пережитым в эпоху военного коммунизма, и начала вновь укрепляться с.-д. убежденность. В ряде рабочих центров появились группы чисто пролетарского состава.

Мы, конечно, не переоценивали этих новых благоприятных моментов. Мы понимали, что это очень слабые ростки, первые симптомы нового — перед лицом еще не изжитой общей реакции и всеобемлющей машины дикого террора. Но характерно, что именно в этот период особенно интенсивно начала работать мысль наиболее активных партийных элементов над вопросом о том, **как из подполья пробиться к массе.** Интерес к этим вопросам отразился также в нашем информационном бюллетене «Из партии», в статьях, помещенных там, потом в письмах отдельных товарищей, которые постоянно возвращались к описанию состояния массы и в связи с этим ставили вопрос о наших задачах. В плоскости этих настроений происходило и обсуждение организационного вопроса в Бюро ЦК. Была принята известная резолюция о «направлении работы». В ней был поставлен вопрос о т. наз. «экономических комиссиях»: комиссии на предприятиях для обслуживания экономической борьбы. Интересен прием, который эта идея получила в разных местах. Там, где на предприятиях сохранились еще наши рабочие, она встречалась одобрительно (Донбасс, Ростов-на-Дону). В других местах — отнеслись к ним с интересом, но считали «теорией». В Питере долго и горячо спорили по этим вопросам.

172

Конечно, нигде «новая идея» не была претворена в жизнь, и очередной удар террора еще дальше отбросил партийные силы от постановки таких задач. Но самое возникновение этого вопроса характеризует партийные настроения того периода. Из материала этого периода могу отметить еще интерес, который у нас пробуждала работа в Питере. Там создались особые условия. Глубоко подпольный комитет из нелегальных (благоприятное условие, которое в тот период отсутствовало еще повсюду), энергичные товарищи, широкие рабочие связи, живая работа среди студенчества. Мирра (Марк) и Миша ездили вдвоем туда, были на заседании комитета и вынесли о тамошней работе и атмосфере прекрасное впечатление.

Несколько слов об общей картине того периода. Силы партийные как то подтянулись, об этом я упоминал уже. Кое-где были очень активные дисциплинированные организации, быстро применившиеся к подпольным условиям. В Харькове издавался «Социал-Демократ». Шла там очень энергичная работа. В Одессе издавался Бюллетень взрослых и орган молодежи (на ротаторе). В Москве тоже готовилось издание органа. В Питере выходил «Рабочий Листок». Юг был лучше организован (но к тому времени, как я упоминал, уже появились организации в центре России). Могу упомянуть еще Кременчуг, где прекрасно работала группа — вся из рабочей молодежи — целый год она требовала «интеллигентов». Последующая работа молодежи очень оживила работу на Юге (появились группы, кроме Киева, Харькова, Одессы, Кременчуга, Ростова — еще в Бердичеве, Белой Церкви, Екатеринославе, Виннице, Полтаве). Кроме того, Харьковский главный комитет и наши поездки (Ионя) возродили связи в Донбассе (Юзовка, Макеевка, Луганск, Бахмут и др.). Ростов распространял литературу в своем округе — Ал. Грушевском, Таганроге, Екатеринодаре. В центральной России были группы — Брянск, Тверь, Кострома, Сормово, Тула, Орел, отдельные связи — Тамбов, Иваново-Вознесенск, Богородск, Кинешма и пр.

В обстановке этой работы рядом с **упадочными** настроениями **околопартийной** среды расцветали новые настроения преданности, молодой активности и пр.; в организациях, в особенности в юношеских, была прекрасная атмосфера. К этому времени относится начало антагонизма между стариками и молодыми: последние начинают упрекать первых в пассивности и начинают думать, что только на их плечах возродится партия. Если одни организации были достаточно активны, то в других недоставало сплоченности, жили по инерции, но известный подъем настроения был. Но почти общей чертой было то, что организации жили внутренней жизнью и уже в тот период были лишены всяких возможностей активных массовых выступлений. В маленьких городах это вело к тому, что это были группы читателей «Социалистического Вестника» и больше ничего.

Таким образом была эта общая черта: **несмотря** на организационное и идейное оживление, внешней **политической работы не было**, это был заколдованный круг (созданный условиями общей жизни страны и общественной реакцией), и он определял слабость и в известном смысле временную обреченность всех активных перспектив. Рано или поздно это должно было сказаться. Появление положительных моментов в жизни партии, конечно, **не было иллюзией**, этот фактор с огромной силой действовал и в дальнейшем в самые тяжелые дни, но **выбиться к массе** в этот период партии не было дано.

Во всяком случае в феврале 1923 г., когда мы для себя подводили итоги работе, мы без преувеличения могли сказать, что на предполагаемой тогда к маю конференции могло бы быть представлено 15-18 оформленных организаций. «Социалистический Вестник» распространялся тогда приблизительно по 33-35 пунктам. С Сибирью были индивидуальные связи, — передавали, что там разгром, остались одиночки. С Уралом связаться не удавалось. Бунд опирался на несколько групп на Западе и на Юге.

Хочу отметить некоторые **внутренние** настроения этого периода у нас в центре. С Заграничной Делегацией шла интенсивная переписка. Ответы нас не удовлетворяли. Мы все время считали, что подлинной **переписки**, обмена мнений у нас нет. Чувствовали и мы некоторое расхождение в одном вопросе. Мы считали, что Заграничная Делегация настроена схематически — «активно», а наш трезвый анализ обстановки, характеризуемой отсутствием массового движения, почему-то воспринимается, как какое-то замыкание «в келью под елью». Конечно, это были только нюансы настроений, может быть, частично, взаимное непонимание, ибо в основных политических вопросах мы были единодушны, — обе части ЦК. Затем нам несовсем приятно было несколько настороженное отношение Заграничной Делегации к нашей работе: как бы не наделали глупостей. Как-то раз Миша выпалил: «считают нас героями, хорошо, — но пусть только не считают нас дураками». Первая часть фразы относилась к высоким оценкам «героизма» работы в нынешних подпольных условиях, которые попадались в письмах Заграничной Делегации. Помню, эта фраза нам всем очень понравилась, и мы ее часто повторяли.

Обстановка работы была в общем очень нервна. Миша горел, возбуждался, но одновременно тяжело переживал свое болезненное состояние, семейное положение и т. д. Через некоторое время за ним началась слежка (что было доказательством неправильности нашего расчета, что его после июля забыли), все время боялись мы, как бы на заседание не притащил за собой он шпика. Леня был настроен болезненно — усталым, поддернут был пессимизмом. Подымались вопросы о том, как бы Мише и Лене вновь уйти с легального положения, но практически для Миши это было трудно, Леня тоже упирался.

Должен упомянуть про вопрос об отъездах, о высылках за границу. Он у нас взял много времени. Мы вынесли резолюцию, считали необходимым бороться со стихией отъездов. Волновались немало.

Теперь об оппозиции. Октябрьское совещание постановило ввести одного товарища, отражающего течение оппозиции в Бюро ЦК. Мы считали необходимым предварительное выяснение настроений оппозиции. Решению этому придавали большое значение, как дающему возможность создания более сплоченной атмосферы в партии.

Кажется, были две «частных беседы». Были Леня и я, с другой стороны — Б. О., Мирра, Буксин; на одной беседе был Яков Иванович, но он заявил, что он не считает себя единомышленником «правых». К формальной стороне этих встреч относились мы строго: Леня и я не были представителями ЦК, ибо ЦК никаких переговоров с «правыми», как с фракцией или другой «державой», не ведет, мы были — товарищами, отражающими настроение большинства. Б. О. и кое-кто еще сначала поставили вопрос так: раз по новому — так действительно по новому, реконструкция радикальная ЦК, ибо «мы» — преобладающая часть партии. Такая постановка вопроса не получала большой поддержки даже у правых. Мирра стремилась провести точку зрения «широкого объединения», включая и всех ушедших из партии, считая, что в этом направлении должно действовать Бюро ЦК. Мы решительно стали на ту точку зрения, что вопрос идет только о **внутрипартийных** правых.

После этих бесед произошло обсуждение вопроса в Бюро ЦК. Была вынесена резолюция, где наряду с прокламированием свободы высказывания течений внутри партии, утверждались следующие «нормы»: 1) фракций с органами и дисциплиной не может быть, представительство правых — не есть представительство фракции, 2) дело идет о привлечении к более близкой работе **внутрипартийных** правых. Мирра некоторые пункты пыталась оспаривать, но слабо и не настойчиво (когда мы с ней встретились после этого). В результате Мирра вошла в Бюро ЦК. Также в МК вошли три товарища из «оппозиции». В этот период был выпущен циркуляр «об единстве», который перед партийной массой освещал все вопросы внутрипартийных отношений, в связи с задачами, стоящими перед партией. Эти все шаги создали на местах настроение известного удовлетворения и содействовали укреплению того подъема, который был отмечен в рассматриваемый период.

Первая полоса заседаний в Бюро ЦК вместе с представителем оппозиции проходила не всегда гладко. Было много споров, пререканий, взаимного недовольства, но в общем новая организационная политика оправдала себя, введя в партийную работу ряд активных и ответственных сил. Это можно сказать определенно.

Возвращаюсь еще к текущей работе Бюро ЦК. Созданы были у нас две комиссии: экономическая и профессиональная. С экономической дело было слабо, наши «экономисты» много обещали, но ничего в итоге не вышло. «Профессиональная» же проделала большую работу. Издала ряд обзоров по отдельным профсоюзам (они понравились на местах), затем было создано широкое совещание при ЦК по вопросу о позиции и требованиях в рабочем и профессиональном движении; мартовские аресты оборвали эту работу.

Из принимавших близкое участие в работе того периода хочу упомянуть еще Франца. Он бывал иногда у нас на заседаниях, мы хотели перевести его на профессиональное амплуа, но он не хотел; фактически определенной работы не нес, очень этим, наконец, начал тяготиться — но арест (а затем Соловки) оборвал его существование на воле. На октябрьском совещании он был избран кандидатом в Бюро ЦК. Необходимо отметить несчастную судьбу Савелия. Он перед октябрьским совещанием прибыл в Москву (бежал из Туркестана), начал работу в Бюро ЦК, но потом встретил на улице знакомого чекиста, и тот его немедленно арестовал (Ярославль, Соловки).*)

В Москве дела за это время несколько поправились. Помню в феврале, кажется, получили большую сумму для Бюро ЦК, как отчисление от взносов. Ионя энергично вел кружки в Замоскворечье. В других районах было слабо, — отдельные связи, вялые люди. Но наличные силы организации были довольно хорошо к тому времени сплочены.

Перехожу к «технике». Потребность иметь нелегальную типографию нами всеми ясно сознавалась. В старом составе ЦК до августа 1922 г. кое-что было предпринято в этом направлении. Была снята квартира, намечен «организатор» и товарищи для техники. Все это мы приняли в свое ведение. Было все в зачатке. Шел неимоверно длительный ремонт квартиры. Про «организато-

---

*) Савелий (Зорохович) вышел купить газету без пальто и шапки, наткнулся на чекиста, знавшего его по Туркестану. Был тут же арестован и, не желая выдавать квартиру, был тут же взят в тюрьму.

ра», с которым я вместе с Мишей имели свидания, поговаривали, что за ним следят, и нас предупреждали об этом. Было назначено свидание мое и Миши с главным лицом, предназначенным в техники. Мы познакомились. Произвел он на нас обоих неважное впечатление, помню очень резко мы оба о нем отозвались. Шла канитель с мебелью, с разными пустяками. Люди явно были не на месте. Вдруг беда стряслась. Квартира попала под 10% норму. Военный совет был созван, — что делать? Решили всеми силами отвоевывать. Но ничего не вышло. Все остановилось. Приблизительно в это время приехал к нам член комитета от Нади*) и сообщил, что у них квартирные условия совсем другие, что случайно они набрели на подходящую квартиру и сняли ее — и предлагают в наше распоряжение. Мы предложили временно на квартире поселить одного товарища и ждать приезда члена ЦК для осмотра и затем приезда персонала. Назначили ответственное лицо из местной группы (иным путем пойти уже нельзя было) и т. д.

Встал вопрос о персонале. Еще до этого из одного города (Мирры) бежала наш товарищ-девушка (назову ее Бася). Явилась к нам «в распоряжение». Зная ее качества, как преданного энергичного работника, мы предложили ей пока поселиться в Москве и ждать. Сначала предполагали ее для первого предприятия. Оно лопнуло, предложили второе. Города сначала не называли. Поморщилась (хочется живой активной работы!), но согласилась. В долгий период ожидания «решения судьбы» страшно истомилась она. С ней у меня были периодические, хотя и довольно редкие по необходимости свидания. Отправили ее, наконец, к Наде. Вопрос о «муже» находился в стадии разрешения, но неожиданно он осложнился. Ряд кандидатур отпал. Другие отказывались. Главная кандидатура еще не кончила срока ссылки. В это время от Нади начали нас бомбардировать телеграммами: может пропасть квартира. Бася переживает вторично период невыносимого томления; девушка нервная, «ответственное лицо» у Нади (только с ним она встречается, — изолирована от всех) успокаивает, возит в театр. «Надежный человек» на квартире тоже беспокоится.

В этот период Миша съездил и осмотрел квартиру. Все понравилось.

Наконец, пришлось пойти демократическим путем и поставить вопрос ультимативно перед Бюро печатников. Поехал к ним на заседание, хотя с точки зрения моего законспирированного положения и условий организации техники делать этого не нужно было. В итоге нашелся **временный** кандидат — семейный человек,

*) «Надей» назывался раньше и в дальнейшем тексте — Петроград.

но горячий и преданный, готов ехать немедленно, если обеспечат семью. Так и сделали. Через два дня выехал.

Там на месте устроили. Молодой человек, который временно жил в квартире и снял ее, якобы по поручению своих знакомых из провинции, съехал, и туда поселились приехавшие муж и жена (паспорта были на разные фамилии).

До этого там произошел случай, который мог скверно кончиться. Станок и шрифт были приобретены на месте. Незадолго до отъезда «молодого человека» станок и шрифт были принесены на квартиру, лежали в корзине. Во время отсутствия товарища в квартиру проникли воры и ушли, ничего не похитив и оставив открытой квартиру. Пришли из домкома, увидели в квартире станок. Объяснил товарищ, что это для каких-то красильных, кажется, целей. Не обратили внимания. Сошло.

Товарищ, живший на этой квартире и тоже снятый с работы, съехав, переменил немедленно паспорт; его удалось определить на службу. Он до ноябрьского ареста выполнял функции связи с квартирой и технической помощи при печатаньи. Поселился он в удобной квартире; с его квартиры увозили литературу на вокзал.

Приехавший наборщик, парень горячий, с диким жаром взялся за работу, загнал всех... Первое произведение было — «рурская листовка» (к февралю была выпущена), № 1 «Социал-демократа», листок к февральской революции, к юбилею партии и т. д. «Мужу» работа и обстановка страшно понравилась, он потом говорил, что он никогда так хорошо не жил. Но он не пришелся по вкусу «жене». И бедная Бася, — как потом она рассказывала, по вечерам убегала куда-нибудь, — чтобы не оставаться вдвоем. «Рурскую листовку» привез товарищ, который на месте был «ответственным лицом». Помню, он сразу попал на явку (был поражен эластичной работой техники связи в Москве), я его потащил сразу на заседание редакции «Социал-демократа», при нем приняли номер и сдали ему весь материал, на другой день вечером он увез назад да прихватил шрифт. Посылка литературного материала была трудным делом. Оказиями пользоваться нельзя было, чтобы не раскрыть местопребывания типографии (об этом, кроме узкой группы в Бюро ЦК, не знали даже самые близкие товарищи из МК). Два раза посылали рукописи спешной почтой в коробке конфет по легальному адресу. Сошло.

Вскоре приехал из ссылки главный наш кандидат, при первом свидании дал свое решительное согласие. Эти настроения преданности, самопожертвования, партийной дисциплины, которые проявляли уже указанные товарищи, создавали удивительную атмосферу в нашей работе.

Назову этого товарища Иван Васильевич. Он через несколько дней поселился третьим в качестве знакомого. Первый «муж» пробыл еще некоторое время и уехал назад в Москву. Выражал крайнее недовольство этим решением. Готов был со своей семьей залезть в технику. Иван Васильевич оказался прекрасным товарищем и на работе, и в общежитии. Бася расцвела. Но в квартире внешнее положение было не совсем ладно. У них ни у кого не было служебных удостоверений. Чем занимаются? Потом — снял квартиру один, приехал другой, пожил, жену оставил — тоже уехал. Это могло казаться подозрительным. Бася выносила на себе всю дипломатию. Муж хотел «дело» завести, временно уехал в провинцию, пока не удастся. Сама она шьет, (была швейная машина), Иван Васильевич ищет работы... В итоге — их домком начал считать за «спекулянтов». Месяца через два у них стало довольно нервное настроение, и был поставлен вопрос о необходимости переменить квартиру. Таковы подробности зарождения первой нелегальной с.-д. типографии в большевистский период.

Мартовский арест 1923 г. является одним из рубежей в нашей работе того периода. Некоторые его подробности. Обыски и аресты были необычайно широки. Десятки засад. МК назначил юбилейное собрание (25-летие партии). За день до собрания (в целесообразности которого еще до того многие сомневались) МК узнал, что в квартире, где назначено собрание, живет комсомолка, родственница хозяев (оказалось, она узнала о собрании и — донесла). Бросились предупреждать. Всех предупредить не успели. Ионя пытался останавливать идущих на собрание. Район оказался наполненным шпиками, которые проверяли документы прохожих. Арестовали Ионю и еще нескольких. Этот случай оставил после себя страшно тяжелое впечатление.

В этот же период были арестованы Леня и Миша. Провалился склад литературы по дикой случайности. У одного студента нашли адрес без фамилии. Пришли по этому адресу, произвели поверхностный обыск. Уходя, наткнулись на корзину, — а там была литература. Выяснили владелицу (Роза Лурье — Соловки). Взяли и часть архива. Уцелевшие — собрались. Было решено, что я еду к Наде временно, в частности для более близкого знакомства с положением дел в нашей типографии. К тому же уехать мне было необходимо, так как кончился срок, на который была снята комната. Решили, что в апреле увидимся у Нади или в Москве и что ко мне потом приедет Павел.

У Нади прожил, переходя с ночевки на ночевку до мая. В начале апреля приехали Петя (Аркадий) и Мирра. Устроили «сессию». Приняли номер «Социал-демократа» и первомайскую листовку. Решили текущие дела. Я остаюсь еще у Нади (нужно было закончить некоторые дела по типографии), «Социал-демократа» выпускали вместе с Павлом. Аркадий ведет временно организационную работу в Москве, руководя Мироном (секретарем). Затем в мае окончательно должны решить вопрос о месте пребывания. Отовсюду шли сведения о разгромах. Мы чувствовали себя совершенно оторванными… Эти тяжелые дни совпали с известием о смерти Ю. О. Мартова (см. «Социалистический Вестник»).

У Нади у меня началась несколько иная жизнь. В Москве я днем не выходил. Когда к Наде приехал, почувствовал — точно из тюрьмы вырвался. Пошел в театр, днем ходил свободно по улицам, совсем было хорошо. В этот период занялся делами типографии. Выяснилось не совсем осторожное поведение в области связи Баси с «ответственным лицом»: встречались они без предупреждения и пр. Внесены были кое-какие изменения в систему внешних сношений. В остальном типография была хорошо законспирирована.

Вот мои впечатления: маленький грязноватый двор, узкая лестница; со двора сначала смотришь сигнал в окне, на лестнице в квартиру долго звонишь (сразу не выходят, заняты работой, нужно быстро все спрятать). Квартира из двух комнат, уютная, мещанская обстановка, тихо. Вторая комната полутемная, в ней всегда горит электричество. Вообще вся квартира темновата, входишь как в таинственное «подполье». Шрифт, станок в диване, за ширмой на кровати только что отпечатанные полосы. Две деревянные кассы, все как следует быть, все принадлежности. Живут тихо, никого не видят кроме третьего, о котором я уже упоминал. (Кличка его — «Нигилист» или Михалка. Вид действительно нигилиста). Бывают иногда по вечерам в театре. — Бася нервничает, внезапно предъявляет требование отпустить ее на две недели домой, — «иначе не могу». Долгие разговоры. Решаем, что после переезда на новую квартиру, поедет домой.

Новую квартиру сняли, со **своим** председателем жилтоварищества. Переезд устроили так: Предварительно заявили домкому, что уезжают в Москву, мебель решили, якобы, продать. Решили, что для покупателя я имею самый подходящий вид. Я явился с подводой, погрузил все и отправился на новую квартиру. По дороге меня нагнал Иван Васильевич. Все сошло хорошо.

Я упоминал уже, что было нервное настроение, — может быть, домком что-то подозревает. Оказалось, просто принимали за спекулянтов — и дальнейших изысканий делать не собирались. В этот период готовился персонал для новой квартиры. Велись переговоры с одним старым товарищем, — женщиной в Москве. Она дала согласие. Приехала через три дня на новую квартиру (якобы из другого дома в Питере, так было по паспорту). Паспорта все были новые. Помню, с ними вышла задержка, и совершенно неожиданная. На старой квартире уже сказали домкому, что уезжают через несколько дней. И вдруг нет паспортов новых. С каждым днем нервное настроение Ивана Васильевича и Баси повышалось. Но все разрешилось благополучно. — Переезд совершился в конце апреля 1923 г.

На новой квартире поселилась тройца. Иван Васильевич, имевший карточку безработного (приехал из провинции, ищет занятий), жена его (шьет), тетя — домашняя хозяйка. Квартиру долго ремонтировали. Внутри дома создались прекрасные отношения. Жалели очень бедную семью, которая ищет-ищет работы и не находит. Наши женщины стирали белье во дворе и там приобрели всеобщие симпатии. Дом большой — мещанский, рабочий. Осенью Ивана Васильевича, кажется, выбрали даже в правление жилтоварищества. Мы много над этим смеялись. Одним словом, в новой квартире создались прекрасные условия. Иван Васильевич любил уют и очень заботился о нем, Бася и «тетя» были более «нигилистически» настроены. Завел Иван Васильевич потом даже кота с красной ленточкой.

Жили еще более изолированно, чем раньше. Бывали «нигилист» и я — иногда. Моментами, особенно в конце лета и осени нервничали. Уставали от этого законченного однообразия жизни. Иван Васильевич даже поднял вопрос об отпуске на две-три недели. женщины настаивали тоже, чтобы ему был дан отпуск, но не удалось осуществить, да и трудно и опасно было это. Я, по крайней мере, стремился Ивана Васильевича отговорить от этого. Но в общем за долгие месяцы сжились они хорошо. И когда в ноябре после разгрома нужно было выяснить, согласны ли они на дальнейшую работу, Иван Васильевич очень твердо, как всегда, заявил, что на него мы можем расчитывать всегда и другой работы для себя он не мыслит, Бася тоже согласилась.

Был период, когда им, особенно «тете», казалось, что обстановка вокруг техники недостаточно конспиративна, особенно она опасалась за «нигилиста» с его служебным положением. И однажды (это было в августе-сентябре) все трое обратились ко мне с предложением проявить особенное внимание к «нигилисту» и усилить осторожность в общей системе отношений вокруг техники. Ноябрьский провал, до сих пор до конца не выясненный по своей обстановке, позволяет предполагать, что какая-то слежка пошла от «нигилиста».

Но это были отдельные моменты нервничания и усталости. В общем же в квартире была прямо идиллическая обстановка. Когда туда приходил, сразу охватывало спокойствие, особенно после всех треволнений и забот того тяжелого периода. Всегда чудесно было провести часок-другой в этой прекрасной коммуне. Без работы не любили сидеть. Выход номера всегда был праздником. К этому изолированному островку партия должна была проявлять особенное внимание, — и эти товарищи естественно претендовали на это. Я считал «технику» своим «районом», которому я был обязан делать постоянные информационные доклады. Не знаю, удалось ли мне лично хоть немного парализовать тяжелую отрезанность их от партийной среды и работы... Много внимания требовал всегда вопрос транспорта. Отвозили в Москву в корзине всегда кто-либо из узкого круга близких товарищей. Передача в Москве на склад (новый в то время) была тоже трудным делом. Обычно для успокоения давалась Наде телеграмма, когда транспорт сдавался в Москве. Местный комитет (у Нади) получал литературу, как будто привезенную только что из другого города. До смешного старательно обманывали самых близких товарищей. В этот период удалось усилить технику шрифтом. Приобрели еще пудов семь шрифта. Перевозка его через весь город была очень опасным делом, но сошло благополучно. Потом по частям, на себе, под пальто был перенесен шрифт в технику.

В начале мая я выехал в Москву. Там застал я новую волну арестов. Погром продолжался по всей России. У нас настроение было нервное. Расстроилась связь с заграницей. Мирон был арестован (на улице, как я уже сообщал). Нужно было наново создавать организационно-технический аппарат. Квартир для заседаний почти не было. С Миррой встречаться было крайне опасно (слежка). За всеми учреждениями и всеми легальными людьми шла усиленная слежка. Достать ночевку было очень трудно. Встретились втроем (Мирра, Аркадий и я). Решили после долгих споров, что в Москве оставляем технический аппарат — «Орг. комиссию», а политический состав пока будет у Нади.

В это время в Москву бежало несколько товарищей из одного города. Мы образовали комиссию из трех товарищей — двое новых и затем О. П. Распределили функции, дали конкретные задания, все это происходило на поспешных, ненормальных по своей обстановке свиданиях. (Товарищ из комиссии, переписывавшийся с заграницей, подписывался Ривой). Комиссия должна была изредка видеться с тов. Миррой. Установили связь с Надей.

Товарищи начали работу в полосе сплошных неудач. За оставшимися легальными членами московской организации шла слежка. О. П. зацепила шпика и выбыла из строя; Михаил (один из членов комиссии — Гершевич из Киева — Соловки) выбивался из сил. Второй товарищ посеял свой документ в одной квартире, а там произошел обыск, — один из сотни обысков того времени, — и документ его попал в ГПУ. Третий должен был бежать из Москвы. Михаил привлек Ив. Ал. Все не клеилось. Связь с провинцией была случайна. В это время Павел, который с конца апреля и до начала мая пробыл у Нади и вместе со мной приготовил очередной номер «Социал-демократа», поехал в Москву, чтобы устроить свои дела и вернуться окончательно к Наде. Приехав, необычайно неудачно попал в какую-то засаду и выбыл из строя.

После короткого (с неделю) пребывания в Москве, устроив кустарную «орг. комиссию», мы вновь очутились у Нади: я, Петя (Аркадий) и еще Максим. Там мы вместе обсуждали текущие дела, выпустили листовку об англо-русском конфликте, обращение к членам партии (номер 4 «Из партии») и т. д. Все скитались по ночевкам. (Максим ждал литературы и должен был ехать в объезд, Аркадий собирался ехать домой на три недели, я долго не мог снять комнату). В середине мая отправили в Москву Сергея. Он увиделся с Михаилом — и привез неблагоприятные известия: работа идет туго, в труднейших условиях, нет квартир для явок и пр. Он же привез сведения об О. П. и втором товарище.

Мирра просила нас приехать. В начале июня я и Аркадий выехали опять в Москву (Максим поехал на несколько дней раньше). Имели несколько заседаний, встречались на бульварах, на улицах. Был на даче у Мирры (я раз даже ночевал там). На даче у нее заседали однажды целый день, причем, уходя со станции, обнаружили какое-то наблюдение. За службой тоже шло наблюдение. Было одно заседание на квартире у Ив. Ал. (как оказалось потом, внизу стоял шпик, его заметил Аркадий и не пришел). Вообще условия были дикие. Максим назначен был в объезд на Юг. Организационную комиссию создали наново — Михаил, Сергей (которого мы тогда, можно сказать, вырвали от местного комитета у Нади и предназначили на центральную работу) и Каменский. С Каменским, только что приехавшим, я повидался, — он согласился, должен был только съездить в Вологду; наблюдение на него перенес, повидимому, Михаил, это повело к аресту Каменского. Вообще в это время была слежка за легальным Ив. Ал., который это отрицал, и, повидимому, за Михаилом. Он бежал из Киева и жил, не прописываясь, в Москве; однажды, когда он был в гостях у знакомых, туда пришли с обыском, его фамилию записали; так как он там продолжал бывать, то, вероятно, подцепил шпика. Комиссия составлена была хорошо, — мы были рады. В это же время я вел переговоры с кандидатами Як. Ив. и Альбертом. Получил их согласие. Альберт должен был выехать к Наде и там поселиться. Як. Ив. оставался в Москве и должен быть связан с орг. комиссией.

В заседаниях нашей политической части утвердили ряд очередных тем для нашей печати (обращение к Интернационалу и пр.). Обсуждали вопрос об оппозиции в Заграничной Делегации (вопрос о включении). Заседание на даче шло очень возбужденно, не помню, — о чем шел главный спор. Между прочим, выяснилось из полученных писем, что мы должны были ехать на Гамбургский конгресс и опоздали. Связь с заграницей налаживалась. Дни шли с утра до вечера в беготне по городу, — с одного свидания на другое. Но с таким трудом составленное организационное звено центральной работы через неделю вновь порвалось. Был арестован Ив. Ал. и у него в засаде многие: Михаил и др. Максим попался, кажется, из-за хождения куда-то, где была слежка в связи с его женой (точно неизвестно). Мирра была взята. Все рассыпалось.

Это мы узнали уже, будучи у Нади. Узнал я также, что на следующую ночь после моего отъезда из Москвы, в квартире, где я ночевал, был произведен обыск. Был направлен для работы один Сергей, которому было поручено восстановить в согласии с Як. Ив. все главные функции работы. Он должен был вернуться на совещание с нами. Пребывание его в Москве затянулось. Мы долго не имели известий. Продолжался период полной неопределенности, оторванности от мест. Это был период, отмеченный пребыванием в «Лесном», — там я поселился. Там же снял комнату Альберт. Внешне это была тихая жизнь, внутренне — полная вечных ожиданий приезда, телеграмм; в городе приходилось бывать почти каждый день (финансы, типография и проч.). Аркадий съездил по своим личным делам и вернулся к Наде. Туда же переехала Сарра. Наш состав определился: Аркадий, я, Альберт, Як. Ив. Вопрос о «правом» остался пока открытым.

В конце июля — в начале августа решили вызвать к Наде Як. Ив. и устроить первое общее заседание. Тогда же приехала к Наде О. П. Постепенно собиралась вновь публика для работы. Приехал из ссылки еще один наборщик, поступил «в наше распоряжение». В виду слабой связи с заграницей мы временно его послали в один пограничный город — с целью подготовки транспортной операции на случай окончательной неудачи на нашем главном до сих пор пути. Он прожил там, бедняга, дисциплинированно, часто нуждаясь и отчаянно тоскуя все лето и осень, когда, наконец, получил иную партийную работу. Его пребывание там сослужило нам хорошую службу в дальнейшем.

184

В этот период моя «лесная» квартира была нашей штаб-квартирой. Обычно мы устраивали наши заседания в лесу или на поляне на солнышке. Часами лежали и вели обсуждение, Альберт, Аркадий и я. Когда приезжал Сергей, то и он. Настроение у всех продолжало быть нервным; однажды нам показалось, что в лесу за нами наблюдают, мы переходили с места на место и, наконец совсем разошлись. Альберт эти месяцы с заседаниями в лесу всегда сравнивал почему-то с старым народовольческим периодом и говорил, что всегда будет вспоминать их.

Финансовое положение было ужасно. Жили все на гроши, которые добывались с трудом. Получая какой-нибудь червонец, выцарапав его откуда-нибудь, приходилось его сразу делить на несколько частей и раздавать отдельным товарищам. Вот так мы жили, исподволь обсуждая тактические вопросы, подготавливая «Социал-демократ» и вечно ожидая приезда, телеграммы, новостей, вечно томясь в этой неопределенности и изоляции ... Затянувшееся отсутствие Сергея, наконец, кончилось. Он приехал. Связь с заграницей была восстановлена. Москва связалась за это время с Ростовом и Сормовом. Там работа, оказывается, продолжалась. Ростов по собственной инициативе начал обслуживать весь прилегающий район. Это несколько подняло настроение. Только в Москве было скверно. Оставалось несколько убегающих от наблюдения товарищей. которые пытались сколотить опять МК и начать работу.

В это время Кирилл начал некоторую работу для Москвы. Из Брянска — Борисенко. Его взяли профессионалом для Москвы и в последующие месяцы он развернул хорошую работу, укрепляя рабочие связи. Его арест — случайно на ночевке, в ноябре — оборвал эти последние возможности и надолго приостановил работу в Москве; в течение всего этого времени вопрос о работе в Москве беспрерывно становился предметом нашего обсуждения и разных мероприятий. Но ничего не удавалось. Як. И. приступил к работе, руководя Сергеем. Сергей вернулся в Москву и продолжал работу. В Москве эта работа представляла колоссальные трудности. Чтобы передать «Социалистический Вестник», чтобы оставить что-нибудь на хранение, приходилось затрачивать массу усилий. Як. Ив.-у послали вызов на конец июля — начало августа (наш «пленум»).

В это же время — июль-август — понемногу мы вышли из состояния изоляции и смогли оглянуться вокруг. О. П. ездила по нашему поручению в Харьков и Киев, застала там продолжающуюся жизнь, несмотря на оторванность от центра, энергичные живые группы и работу молодежи. Картина понемногу стала ясной: потеряли мы центральную Россию, Юг же продолжал, несмотря на повторные аресты, жить и даже, благодаря молодежи, усилил свою работу. Это была какая-то нервная вспышка энергии, которая противопоставлялась борющимися товарищами ударам террора. А кругом во всей околопартийной среде в это время уже шло разложение, как прямое следствие влияния террора и реакции. Но это мы заметили несколько позже.

К этому же периоду относится наша более близкая связь с **союзом молодежи.** На этом остановлюсь подробнее. Ц. О. Бюро молодежи*) образовалось еще в конце 1922 г., когда бежавшие из ссылки целой группой наши молодые товарищи взяли на себя инициативу организации этого органа. Бюро находилось в Киеве. Андрюша тогда уже сидел в Харькове, арестованный на ночевке. В Киеве были Гурвич, Рапипорт, Зингаревич. Они сразу с нами связались. Мы назначили нашего уполномоченного (Гершевича). Получали отчеты. Все время содержали их, насколько могли. Правда, средств не хватало. В период разгрома во многих местах юношеские группы фактически начали вести партийную работу. Кое-где были конфликты с взрослыми. Юноши были порывисты и неконспиративны. Но они очень оживили работу. Завязали новые связи, в кружках их шла напряженная жизнь; кропотливо искали пунктов опоры в рабочей среде и передавали найденное партийному комитету. Лично близкие друг другу, товарищи этой передовой группы вели самую интенсивную переписку друг с другом; во всем отказывая себе, много ездили, проявляя энергию и подвижность. Принося определенную пользу общему партийному делу, они в своей работе в то же время имели один постоянный недостаток: какой то внешний «советизм», погоня за внешностью, нечуткость иногда к действительному внутреннему содержанию. Совершенно не видавшие никогда массового движения, все эти юноши проявляли удивительную склонность к внешним формам организационного размаха. Чтобы побольше только было групп, побольше изданий «С. Д. Союза молодежи» и т. д. Нужно признать, что конечно не всюду внешние оказательства (печатные органы и пр.) были проявлением этих стремлений, а вырастали на почве действительной работы. Но этот налет у них был, и мы с ним боролись.

Зимою (начало 1923 г.) Андрюша и Лева совершили ловкий побег по дороге из Харькова в Москву. В этот период (до мартовского разгрома) связь у нас налажена была так, что через день в этом городе для помощи был товарищ из Москвы и товарищ из Харькова (оба с деньгами и паспортами). Андрюша поехал в Киев и

---

*) Центральное Организационное Бюро Российского Соц.-Дем. Союза Рабочей Молодежи.

там принял участие в ЦОБ. В июле, кажется, он переехал к Наде. Туда же приезжали в этот период Рапипорт (Виктор) и Гурвич. У нас были совещания с ними. С Андрюшей началась постоянная работа. Был поставлен вопрос о конференции. Мы долго не соглашались, потом решили после долгого обсуждения (помню, как всегда, лежали в лесу и заседали в обычной нашей обстановке). Разрешили, но под нашим контролем. (Вполне его не удалось осуществить — в итоге непоправимое несчастье случилось). Приезды молодых товарищей со своей стороны оживили и укрепили наши старые связи с Югом. Широко опять пошла литература. В мае еще Юг получал литературу (англо-русскую листовку), июнь-июль был перерыв, к августу мы опять начали чувствовать под ногами почву. Еще несколько слов о наших молодых. У них у всех страшная потребность в деятельности, наряду с этим все они показались нам «мозговиками», со склонностью к разного рода ревизионизму; чувствовалось, в каких диких условиях без массовой жизни вне общего подъема растет наша молодежь. Между собой спорили они до умопомрачения. Андрюша пользовался в их среде огромным авторитетом. Отношение к нему лично любовное, иногда посмеивались, но фактически он распоряжался, как диктатор. Когда я сказал, что кто-нибудь из них не должен быть на конференции, чтобы все не погибли в случае провала и что Андрюша должен остаться, Андрюша взволновался до слез. Для каждого из них «их» конференция была делом прямо личного счастья. Хотя теоретически все они на политическую обстановку смотрели трезво (длительный период реакции, отсутствие массового движения), но настроения все были необычайно бодрого. Было два контраста: 1) Аркадий, — к тому времени очень усталый и тяжело реагировавший на нашу дикую обстановку работы, все время бывало говорил: «кошмар, кошмар!» 2) Рядом с ним — Андрюша с вечной энергией и порывом на лице, который писал за границу своим: «энтузиазма у нас (молодежи) хоть отбавляй». Альберт так и называл обоих «Кошмар» и «Энтузиазм». Без конца обсуждали с ними финансовые вопросы. Они прямо «тянули» у нас деньги со страшной настойчивостью. Мы субсидировали все их поездки и жизнь всей группы. Кроме того в Киеве по нашему «ордеру» они получили большую сумму.

Итак, в этот период была какая-то вспышка работы, появились новые органы (в Харькове, Киеве и пр.), наша литература начала вновь расходиться широко.

Началась опять работа распределения. О. П. оставили у Нади, одного старого товарища-рабочего направили в Харьков. Вели переговоры с остатками московских печатников (все уже были нелегальны) о поездке их в те или иные организации. Як. Ив. смог приехать к нам только во второй половине августа. Устроили совещание, которое продолжалось подряд несколько дней; участвовали Як. Ив., Аркадий, я (Альберт уехал лечиться), были приглашены О.П. (как отражающая правое течение) и Сарра от Бунда. Обсуждались вопросы: о Бюро ЦК (о кандидатуре Кирилла написали за границу), об отдельных функциях работы, о конференции молодежи, о выборах в советы (приняли резолюцию), о ближайших выступлениях (листок о терроре), о «Социал-демократе», о «бывших» (общее обсуждение), наконец, о положении партии.

Последний вопрос был поставлен, как первая попытка подвести итоги. Мы чувствовали, как немного нас осталось, какие маленькие группки в разных городах ведут неравную борьбу с террором; мы видели рост усиливающегося разложения в широкой общественной среде. Нужно было подвести итоги. Здесь впервые появились проблески тех оценок, которые затем стали в центре мучительной дискуссии внутри Бюро ЦК. Обсуждение этого процесса происходило в порядке свободной беседы. Як. Ив. впервые начал развивать тогда мысль о том, что мы должны **сказать себе то, что есть.** Но выводы, выводы? — неслись в ответ вопросы. Пока нет выводов, приходится ограничивать себя в размахе в целях работы, — в таком состоянии мы не политическая партия... Порой подымалось настроение. Аркадий возражал против принципа, заключающегося в самой постановке вопроса Яковом Ивановичем. Я возражал еще сильнее. Это была наша первая встреча в новом составе. Решили встретиться в сентябре и на конец сентября назначить широкое совещание, наметили привлечь кое-кого из наиболее близких товарищей в Москве и из других городов. Аркадий уехал нашим представителем на конференцию, но был арестован в Киеве во время конференции, кажется, на улице. Провал молодежи нанес страшный удар. В течение долгого времени Киев и Одесса оказались от нас оторванными. Мы лишились энергичных, молодых сил, которые намечались для более широкого использования.

Кругом расширялось движение «бывших», параллельно с беспрерывным нажимом ГПУ в отдельных городах. В Харькове шли в осенние месяцы повторные аресты, но наша группа сохранялась и вела областную работу.

Эти осенние месяцы были крайне тяжелыми в нашей работе. Политически — мы все больше погружались в подполье, и все более чуждой и разложенной становилась окружающая среда. Внутри партийных групп на почве беспрерывной борьбы с арестами в течение всего лета сократился и изменился состав: почти

188

повсюду были уже нелегальные товарищи, но группы ушли даже от прежних слабых связей с «общественностью»; разрыв сношений с центром и вся обстановка еще более сократили их фактическую «активность», и почти исчезла возможность сколько-нибудь нормальной идейной жизни. Эта жизнь, так поднявшаяся в зиму 1922-23 г., теперь почти погасла. В каторжных условиях все свелось к голой борьбе за существование партийного коллектива. Технически работа становилась тоже все более трудной, бесконечно-мелочной; огромные усилия на вершковые масштабы... Это был кризисный период. И в этот период в центре появилась потребность осознать положение, появились настроения, которых, кажется, не было на местах. Это, вероятно, было естественно.

И так шла эта беспрерывная наша борьба. С огромными усилиями мы продолжали существовать, как работающий центр. Бывало, лежала долго литература в Москве, но потом все-таки уходила на места. По прежнему центральная Россия была потеряна. Связи уже имелись только с областными пунктами на Юге (Харьков с Донбассом, Ростов с районами). Правобережная Украина, как дальняя временно оторвалась. С Киевом мы завязали связь (в декабре), назначили затянувшееся следствие по делу конференции, подозрения о провокации... Сормово жило, работало. Бунд ездил на Запад, — там было умирание и страшный разгром.

В Москву я приехал в начале сентября, и пробыл, кажется, три недели. Жил за городом. Первая встреча с Кириллом. Кажется, в этот приезд связались с Евсеем. Он потом поехал в объезд на Юг. Решили, что я буду бывать периодически в Москве, и тогда на наших «пленумах» мы будем и все вопросы обсуждать, отвечать загранице и т. д. Приняли листовку по поводу выборов. Блюма вернулась из-за границы, кажется, в сентябре. В дни моего пребывания в сентябре в Москве она тоже туда поехала и оказала большую помощь при получении литературы. Вернулся к Наде.

Второй раз ездил в Москву в **октябре**. Пробыл, кажется, тоже две или три недели. С ночевками было страшно трудно. Скитался по разным местам. Все это чрезвычайно нервировало. Приехал в это время Альберт. Мы заседали уже вчетвером, в новом составе: Яков Иванович, Кирилл, Альберт и я. По многим поставленным вопросам обнаружились разногласия. Обсуждали вопрос о «бывших». Проект обращения к членам партии, предложенный Кириллом, вызвал большие прения, обнаружились в Бюро и по этому вопросу разные точки зрения. Отложили. В форме беседы обсуждали вопрос о текущих тогда германских событиях...

Как всегда, завалены были мелочами работы. Заседания шли нервно. Все мы в это время были усталыми и издерганными... Опять обсуждали вопрос о местопребывании Бюро. Решили раздельное существование: Альберт и я — у Нади, Кирилл и Яков Иванович в Москве. Составили номер «Социал-Демократа».

В эти же дни приехала (бежала) Ирина. (Она была вызвана нами еще летом). Направили сразу к Наде к О. П. Техническая работа в это время в Москве двигалась. Местные связи, склад и пр. были упорядочены. Финансы, получение литературы все это составляло цепь бесконечных забот Якова Ивановича и Кирилла. Вернулся к Наде, кажется, в конце или во второй половине октября. Приехал туда и Альберт.

Полоса нового разгрома... Не успел я приехать к Наде, как началась эта полоса. 2-го ноября по всей России пошли опять аресты. Они скользили уже по поверхности, но кое-кто попал в сети (Борисенко в Москве). У Нади произошла особая история. Так как данные эти имеют известное значение, отмечу их здесь сейчас, ибо потом они могут быть забыты. У Нади косвенно, вернее частично, пострадала типография. Получив от председателя жилтоварищества предупреждение, что начальник районной милиции вызвал председательницу домкома и начал спрашивать про образ жизни и источники существования «тети» и пр., наши в этот же вечер ушли с квартиры. Это было дней за 6-7 до 2 ноября. Я только что (дня за два) вернулся из Москвы и нес материал для «Социал-Демократа». Встретил по дороге Ивана Васильевича. В этот же вечер по нашему настоянию Иван Васильевич вернулся и забрал станок. Все трое разбрелись по случайным ночевкам.

На другое утро у нас заседал «военный совет», была привлечена Блюма и еще один местный товарищ, который все время принимал до сих пор участие в делах техники. Решено было, если ночью на квартире будет благополучно, квартиру очистить от всех признаков техники и затем спокойно «легально» ее ликвидировать. Еще накануне условились с председателем жилтоварищества, что на углу одной из улиц он будет ставить каждое утро сигнал, благополучно или нет. Оказалось, что ночь прошла спокойно. Наметили, кто будет выносить, когда и как. Наметили также три квартиры для временного хранения шрифта и ночевки для наших трех «техников». Установили порядок встреч с ними на следующие дни. Все это было очень трудно провести, ибо нельзя было осведомлять об этом даже товарищей более-менее близких, — квартиры для приемки шрифта должны были быть в ближайшем районе.

В течение одного дня первая часть операции самоотверженно была выполнена. Выносили на себе, — каждый по 1-1$^1/_2$ пуда шрифта под пальто, подвешенным на веревках. Кроме трех «техников», ходила Блюма и упомянутый товарищ. Ходили каждый по два раза. Помню, вечером встретил на лестнице в квартире, куда носили шрифт, медленно поднимающуюся, облитую потом, толстую, точно беременную Басю. Она уже была совсем без сил. Было вынесено свыше 10 пудов шрифта. Начались дни сложнейших встреч с «техниками» и дальнейших торопливых решений и операций. В течение двух-трех дней удалось весь шрифт сплавить в одно надежное место на долгий срок, оставили только часть (один пуд) для текущей работы и станок.

Наташа снимала квартиру, должна была поселиться сама, взять этот шрифт и образовать первое звено будущей техники. Съемка квартиры затянулась на несколько дней, сделали несомненную ошибку, — не забрали этот пуд от «нигилиста», у которого он хранился. Но еще тогда не было оснований для беспокойства. В это же время нужно было доставать деньги, чтобы отправить «техников». «Техники» ночевали по разным местам, потом ходили в квартиру, потом встречались с нами... Бася уехала благополучно, вслед за ней должен был уехать Иван Васильевич.

В эти дни все эти несколько человек положительно сбились с ног и работали последними нервами. Аресты «нигилиста» и др. в «учреждении», потом Ивана Васильевича, последовали один за другим. Наташа попала в засаду у «нигилиста»; почему отсутствовал сигнал благополучия, — не знаю. Все это вместе взятое создало в нашей среде атмосферу крайней настороженности и беспокойства. Многое казалось непонятным. Педантично начали следить за своими квартирами. Слежки все же не замечали.

В эти дни пришли и новые заботы. Неожиданно приехал Матвей, вызванный нами еще раньше из ссылки и теперь бежавший. Заботы о нем, об его ночевках, встречи, решение его судьбы. (Потом он стал секретарем местного комитета, а затем был взят для связи с новой техникой). Тогда же через Москву бежали из ссылки еще двое молодых (без нашего вызова), — все на нашу голову. Затем один из Киева приехал нелегально, и с ним пришлось возиться. Встречи и заботы по всем этим делам перегрузили всех нас. Мы разрывались на части. Всех приехавших содержали кое-как и заставляли долго ждать решения «судьбы».

И еще беда пришла: Сергей в Москве попал под наблюдение, по всем данным, выдала его ночевку одна его знакомая, — коммунистка. Бежал к Наде. Жил недели две. Направили на работу на Юг, работал там до марта-апреля 1924 г., когда был арестован.

Одновременно нужно было приступить к подготовке новой «техники». Ирина поехала на Юг к Басе, в частности для заказа паспортов. В это же время на Юге готовилась вторая местная техника, на которую мы дали санкцию. Нужно было проверить и это дело. Денег не было. Начали одалживать крупными суммами, надеясь (!) вернуть потом. Альберт съездил в Москву для информации. Приехала Бася. Ее отправили к новому кандидату наборщику, жившему в пограничном городе. Приехала она назад, приехал и он. Изолировали их. Бася привезла паспорта. Поиски новой квартиры. (Решили опять у Нади это делать). Всем заведывать назначена Блюма. В это время Ирина съездила еще в Киев. Там создался новый комитет, начал работу. Повезли в Киев литературу.

Организация новой техники длилась два месяца. Я уже уехал в Москву. Вопрос о третьем кандидате и об обслуживающем был очень сложен. Были и другие передряги. Оказалось, что на одном паспорте нет выписной заявки. В это время «третьим» поехал в технику к Наде один товарищ, тоже наборщик (уговорили!). Его посылают сразу срочно с этим паспортом от Нади на юг для отметки, он задерживается там, какая то канитель вышла, — затем на обратном пути в Москве он проявил неосторожность, подцепил шпика, — ему показалось, что в поезде к Наде с ним поехал некто подозрительный. А он ехал с паспортом сакраментальным. Бедняга струхнул, соскочил с поезда — и вернулся в Москву.

В это время у Нади создалась трагическая неопределенность. Отсутствие известий (пока мы узнали о происшествии, тоже прошло несколько дней) привело всех в глубокое волнение. Уже жили на новой квартире, там уже был шрифт. Решили ликвидировать, опасаясь, что с тем товарищем стряслась беда, и она сразу отразится на квартире. Опять перенос шрифта и т. д. Каторжные дни!..

В Москву едет Ирина. Сразу находит меня (за городом), а мне в это время вручают сакраментальный паспорт, который был нам сдан перепуганным не на шутку товарищем. Ирине немедленно передается эта драгоценность да еще верстатка, которую мы достали в Москве, и через несколько часов она мчится обратно. У всех отлегло на сердце. Первым было выпущено обращение к членам партии по поводу «бывших», — конец января-начало февраля 1924 г. Вслед за Ириной в Москву прилетает Блюма с ультиматумом: если не будет дан «третий», он складывает с себя ответственность.

192

Тот товарищ, который предназначался на место «третьего», конечно, отпал. Нужно искать нового. Через неделю я был у Нади, там обсудили все вопросы, наметили и «третьего», и весь обслуживающий материал из тех нелегальных, которые тогда дожидались своей судьбы. Так, наконец, была организована новая техника.

Помню, уже в начале февраля у меня на улице было свидание с молодым товарищем, предназначенным в качестве третьего. Он дал немедленное согласие. Потом он говорил, что это был самый счастливый его день, когда он узнал что будет работать в «технике».Вот такие настроения все же были кругом, и благодаря им можно было делать это трудное дело, несмотря на все осложнения, волнения и передряги ...

Возвращаюсь к общим делам. От Нади в Москву я поехал в конце ноября после того, когда наступило некоторое спокойствие, и Блюма вплотную занялась делами новой техники. Через несколько дней я получил телеграмму, что с моей квартирой неблагополучно. Оказалось, что началась слежка. Квартиру бросил. Слежка была целый месяц. Потом предупредили домком: если придет такой-то, немедленно сообщите. До сих пор не знаю причины. Но я остался в Москве. Более двух месяцев жил по ночевкам. Это было все труднее и труднее ...

В этот период мы довольно интенсивно «заседали», хотя найти квартиру даже для трех человек было очень трудно. Потом с выбытием Сергея не было необходимого технического аппарата. Пришлось самим делать многие вещи, вообще обстановка работы была дьявольская, на элементарную осторожность пришлось махнуть рукой. Хорошо, что обслуживалась еще постоянным персоналом связь с заграницей и был один товарищ, который оказывал некоторое техническое содействие.

Как раз в эту трудную во всех отношениях полосу мы переваривали у себя в коллективе все те новые оценки и разные настроения, которые у нас появились. Впервые за весь год почувствовалось внутреннее расщепление коллектива, разница в основных настроениях. Это осложняло и подчас парализовало работу. Когда затем на широком заседании в начале января мы обсудили организованно вопрос о положении партии и другие вопросы, почувствовалось, что несколько расчистилась атмосфера. Партия должна была пережить полосу раздумья, свободной оглядки на перепутье, все эти мучительные споры ... А кругом было крайне тяжело. Нелегальных работников сторонились, как чумы. Жили в безденежье. С трудом выцарапывали червонцы. Задерживали нужные поездки из-за отсутствия денег. Аресты шли. Ростов, опять Киев... Все меньше становилось работающих, и все они уже были в глубоком подполье. Часто встречались в этот период с Харьковом.

В начале января состоялось наше широкое заседание. От Нади приехали Альберт, Ирина, от Бунда — Сарра, кроме того — Кирилл, Яков Иванович, Евсей и я. Прошло оно торопливо. Многого оно дать не могло, но оно как-то упорядочило внутреннюю жизнь и атмосферу нашего коллектива. Прения по основному вопросу (о положении партии) кончились резолюцией, которая не отвечала на **весь** поставленный вопрос, а сводилась к разрешению спора более узкого: «пропаганда» или «агитация»; хотя «пропагандисты» готовы были признать в известном смысле и «агитацию»...

Выпустили очередной небольшой номер Информационного бюллетеня. Подготовили первый номер «Социал-Демократа».

О всем этом периоде приходится писать очень **субъективно**. Мне лично казалось, что с момента этого совещания обозначилось как бы некоторое линяние той **крайней** точки зрения на положение партии, которая составила основу таких острых настроений. И в вопросе о «бывших» уже не было той переоценки «идейного» момента в этом «движении», с которой выступали некоторые товарищи и что связано было с их общей оценкой положения партии («поражение в революции»). Мне казалось, что мы вышли из периода, когда в исключительно тяжелой обстановке неизбежны отдельные, иногда и глубокие, оценки, которые насыщались импрессионизмом и давали крайние уклоны. Хотя маленькое «хозяйство» наше трещало, но все же мы опять чувствовали, что мы существуем.

Можно было подвести некоторые итоги:

1) Характер работы и перспектив. При напряжении и благоприятных условиях работа расширялась, литература распространялась в массе иногда очень широко, чувствовалось **повышение** интереса в массе к политическому слову (последнее время чувствуется больший интерес со стороны коммунистических кругов, особенно молодежи), — все это мы повторно видели, но действительность показывала, что это расширение работы не идет параллельно с **организационным закреплением** ее, нет возможности строить глубокую (в массе) организацию.

2) Наши кадры. За год очень изменилась психика с.-д. среды. Она, ставши замкнутой, насытилась новыми свежими настроениями активности, преданности и пр. Эти настроения особенно у молодой части росли параллельно с разложением широкой легальной среды. В кадры наши вошла новая молодежь. Напр., у Нади превосходная работа в студенчестве. В партию приняты но-

194

вые члены, убежденные социал-демократы новой формации. Молодежь студенческая у Нади в большинстве демократическая, крестьянская. Вообще в дальнейшем студенческая работа должна усилиться.

3) Организация приобретает все более тон **узких совершенно подпольных групп из нелегальных**, от которых тянутся нити к пунктам распространения литературы в массе.

4) Отсутствие массового движения и такое общение с людьми из массы (иногда и глубокое) при распространении литературы, которое часто не дает партии ощущения и знания массовой среды и изменений в ней, одним словом, все эти вышеупоминавшиеся черты специфического состояния наших групп продолжают действовать — и влиять. Эта оторванность (и отсутствие политической акции) особенно принижали настроение в пережитый период осени и зимы 1923-24 г., период быстрого хода разложения вокруг («бывшие»). Хотя на местах «движение бывших» носило грубо отвратительные формы («продались»), и для массы была ясна подлая сущность этого «движения», но все же незаметно, — одним фактом разлива подлости, — оно подрывало настроение в нашей среде: видели, что слишком велики разложение и реакция, и где их предел? И есть ли у нас силы с этим совладать? Эти мысли бродили в пережитый тяжелый период на местах... Сейчас этот период прошел, схлынула вся эта пакость «бывших», атмосфера стала чище, и контуры тяжкой обстановки воспринимаются более трезво. Вообще за этот период произошло, хотя неровно и с перебоями, не только **организационное** приспособление к нелегальным условиям, но и постепенное политически-психологическое усвоение нового положения социал-демократии, более **трезвое** понимание всей обстановки. Теперь физически нас еще меньше, и подчас еще тяжелее конкретная работа, но нервный импрессионизм осени и зимы 1923-24 г. уже изжит, и, видимо, прочнело сознание огромного значения и правильности прожитого пути работы этих маленьких сил социал-демократии.

––––––––

Пишу в конце мая 1924... Оглядываюсь назад. Вижу результат: пробились через все, пережитое за эти годы, через политическую смерть и разложение страны, массу потеряли, много ран, осталось нас мало, но пробились и — живем... Голос наш раздается. **Его резонанс становится все сильнее фактически** (в силу роста противоречий кругом). Конечно, могут быть впереди перерывы в нашем существовании. Это покажет ближайшее время.

Выводы по пунктам набросаны несистематично. И все написано очень торопливо, и очень не полно с точки зрения политических фактов... Но оставляю в таком виде...

Г. Кучин

P. S.
Приезд (по нашему вызову) Шуры (январь-февраль) очень всех нас обрадовал. У Нади к тому времени создалась хорошо сработавшаяся группа (Альберт, Ирина, Блюма-Шура хорошее дополнение).

Март — арест Кирилла и Якова Ивановича.

УКАЗАТЕЛЬ ИМЕН

СОДЕРЖАНИЕ

AUGSBURG COLLEGE
George Sverdrup Library
MINNEAPOLIS 4, MINNESOTA